Mittelfranken

WERNER SCHWANFELDER

LIEBLINGSPLÄTZE

zum Entdecken

Mittelfranken

WERNER SCHWANFELDER

KULTUR

GMEINER

Besuchen Sie uns im Internet:
www.gmeiner-verlag.de

Im Ehnried 5, 88605 Meßkirch
Telefon 07575/2095-0
info@gmeiner-verlag.de

1. Auflage 2018

Lektorat: Isabell Michelberger
Satz: Julia Franze
Bildbearbeitung/Umschlaggestaltung: Benjamin Arnold
Alle Bilder stammen von: Werner Schwanfelder
Kartendesign: Maps4News.com
Druck: AZ Druck und Datentechnik GmbH, Kempten
Printed in Germany
ISBN 978-3-8392-2284-3

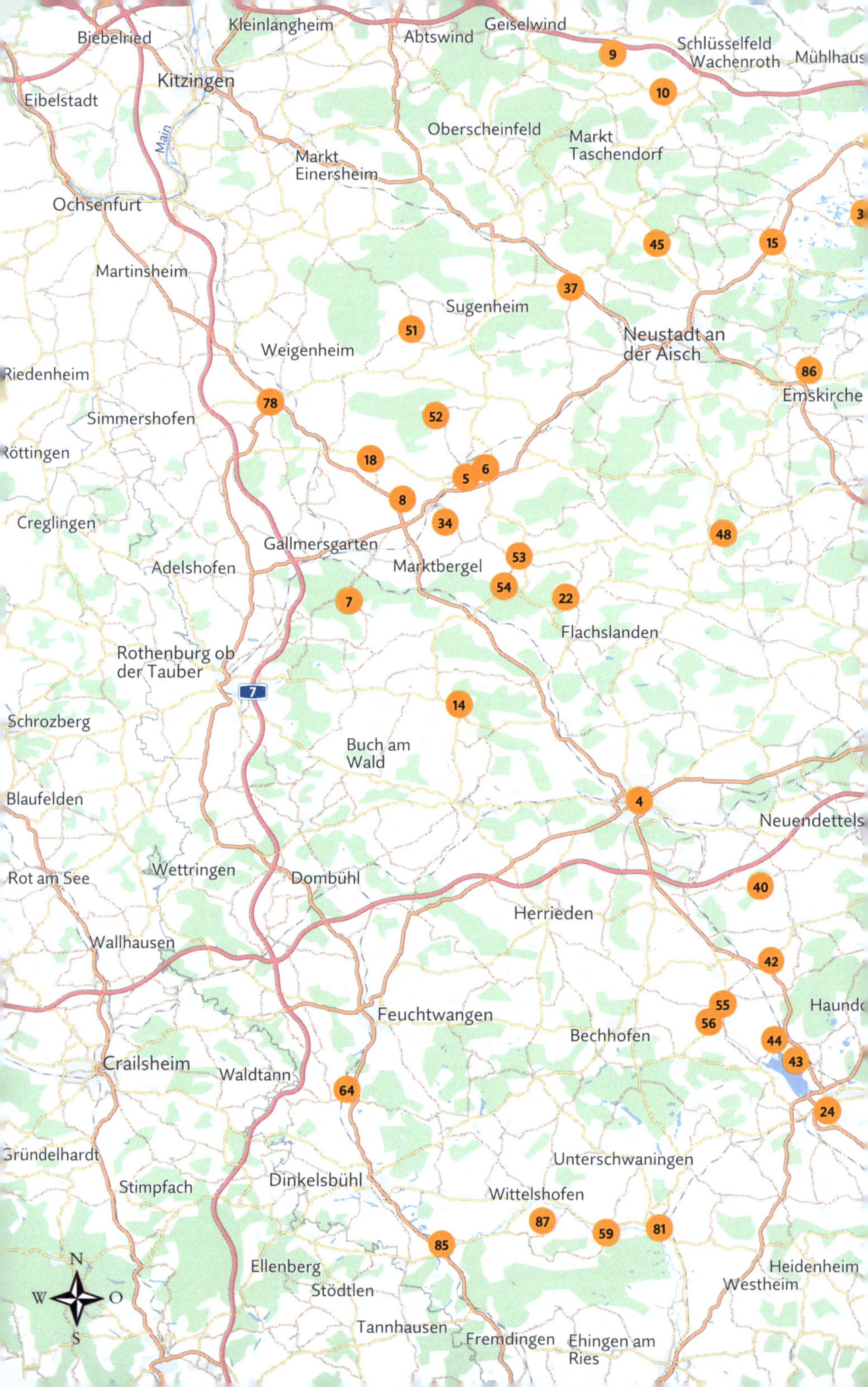
Biebelried
Kleinlangheim
Abtswind
Geiselwind
Schlüsselfeld
Wachenroth
Mühlhaus
Kitzingen
Eibelstadt
Main
Oberscheinfeld
Markt Taschendorf
Markt Einersheim
Ochsenfurt
Martinsheim
Sugenheim
Neustadt an der Aisch
Weigenheim
Riedenheim
Emskirche
Simmershofen
Röttingen
Creglingen
Gallmersgarten
Marktbergel
Adelshofen
Flachslanden
Rothenburg ob der Tauber
7
Schrozberg
Buch am Wald
Blaufelden
Neuendettels
Rot am See
Wettringen
Dombühl
Herrieden
Wallhausen
Feuchtwangen
Haundo
Bechhofen
Crailsheim
Waldtann
Gründelhardt
Unterschwaningen
Stimpfach
Dinkelsbühl
Wittelshofen
Ellenberg
Heidenheim
Westheim
Stödtlen
Tannhausen
Fremdingen
Ehingen am Ries
N
W
O
S
9
10
45
15
3
37
51
86
78
52
18
5
6
8
34
48
53
54
22
7
14
4
40
42
55
56
44
43
24
64
87
59
81
85

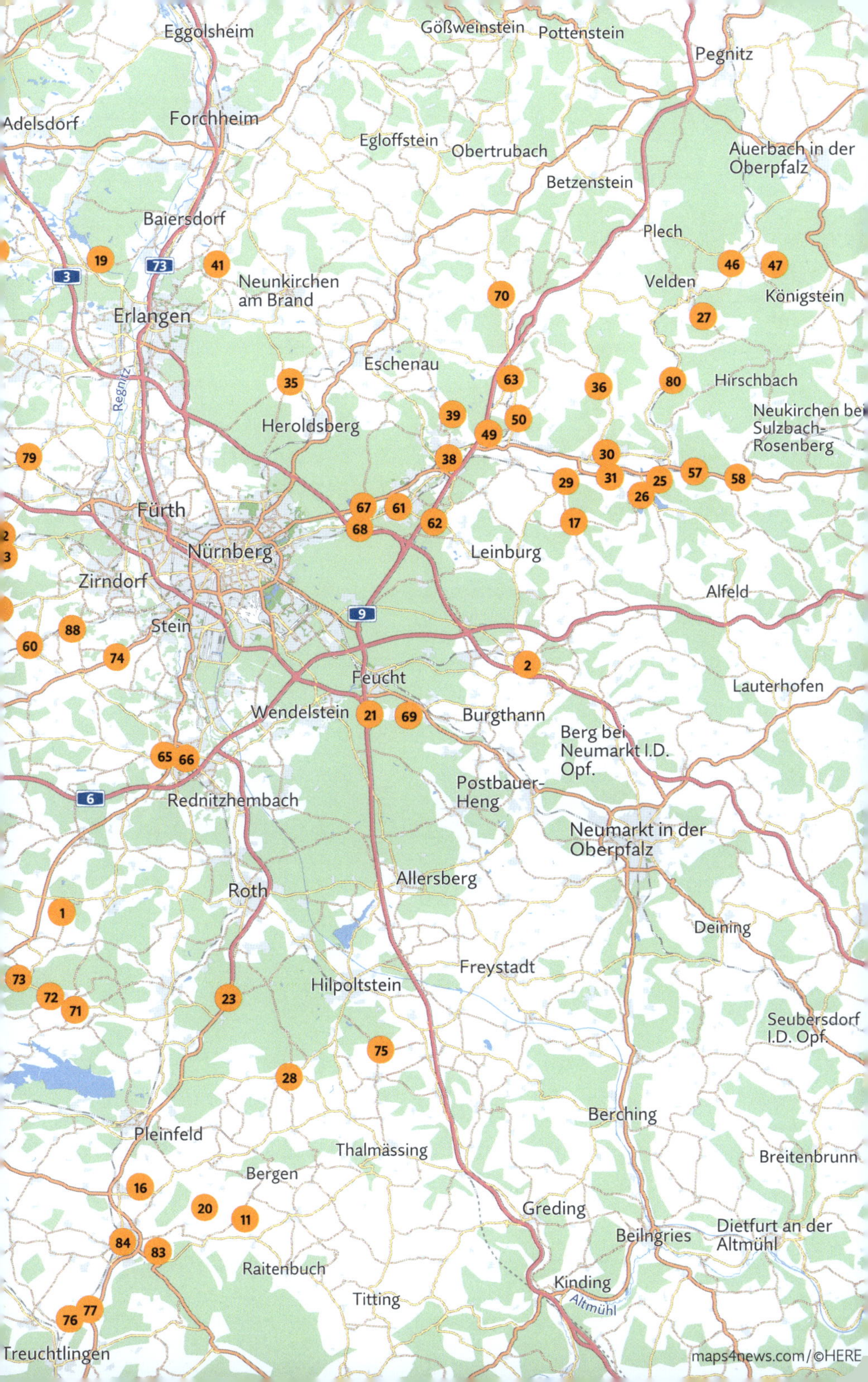
Eggolsheim
Gößweinstein
Pottenstein
Pegnitz
Adelsdorf
Forchheim
Egloffstein
Obertrubach
Auerbach in der Oberpfalz
Betzenstein
Baiersdorf
Plech
Neunkirchen am Brand
Velden
Königstein
Erlangen
Eschenau
Hirschbach
Regnitz
Heroldsberg
Neukirchen bei Sulzbach-Rosenberg
Fürth
Nürnberg
Leinburg
Zirndorf
Alfeld
Stein
Feucht
Lauterhofen
Wendelstein
Burgthann
Berg bei Neumarkt I.D. Opf.
Rednitzhembach
Postbauer-Heng
Neumarkt in der Oberpfalz
Allersberg
Roth
Deining
Freystadt
Hilpoltstein
Seubersdorf I.D. Opf.
Berching
Pleinfeld
Thalmässing
Breitenbrunn
Bergen
Greding
Beilngries
Dietfurt an der Altmühl
Raitenbuch
Kinding
Titting
Altmühl
Treuchtlingen
maps4news.com/©HERE

SCHLOSS DÜRRENMUNGENAU /// SCHLOSSALLEE 1 ///
91183 ABENBERG-DÜRRENMUNGENAU /// 0 98 73 / 4 71 ///
WWW.SCHLOSSDUERRENMUNGENAU.DE ///

HOTEL BURG ABENBERG /// BURGSTRASSE 16 /// 91183 ABENBERG ///
0 91 78 / 98 29 90 /// WWW.HOTEL-BURG-ABENBERG.DE ///

WO MAN DIE LUPINEN ERFAND

Abenberg-Dürrenmungenau: Schloss mit Park

1

Das Schloss Dürrenmungenau ist aus dem Dornröschenschlaf erwacht und bietet Fantastisches: Musikfeste, Hochzeitsfeste, Weihnachtsmarkt, Theateraufführungen, Gemeindefeste, Gartenlust-Ausstellung und vieles mehr beleben die historischen Gemäuer. Ja, Schlosshof, Park, Scheune und Remise lassen sich gut vermarkten, was die Dürrenmungenauer freut.

Schon 1278 liest man von einem »Festen Haus« in »Mungenau«. Es diente zur Sicherung der Fernstraße von Nürnberg nach Augsburg. Im Dreißigjährigen Krieg wurde der Ort zerstört und mit ihm Schloss und Kirche.

Vielleicht erhielt der Ort damals das Präfix »Dürren«. Vielleicht leitet sich der Ortsname aber von den mageren sandigen Böden ab, die nur geringe Erträge abwerfen. Ein Lehrer, Erhard Schneider, experimentierte auf dem Schulacker mit dem Anbau von Lupinen, weil er wusste, dass diese Blumen über die Wurzeln dem Erdreich Stickstoff zuführen und ihm somit die notwendigen Nährstoffe verpassen. Da er sehr erfolgreich war, spricht man von einer landwirtschaftlichen Revolution in Dürrenmungenau zwischen 1850 und 1868. Heute werden Lupinen überall eingesetzt, so dass sie gar nicht auffallen.

Im Ortskern dominiert die Schlossanlage samt Schloss, Schlosspark, Obstgarten und Gutshof, umfasst von einer Sandsteinmauer mit Zwiebeltürmen. Über mögliche Vorgängerbauten ist wenig bekannt. Das jetzige Schlossgebäude, das noch vom Barock geprägt ist, stammt aus den Jahren 1720 bis 1725. Es ist in Privatbesitz. 1896 hatten die Freiherren Leuckart von Weißdorf das Schloss samt Kirchenpatronat gekauft. Sie und ihre Nachfahren engagierten sich intensiv für Ort und Kirche und investierten reichlich in Renovierungen. Das Kirchenpatronat wurde erst 1982 von der Landeskirche abgelöst.

Das Schloss ist nicht bewirtschaftet. Es bietet sich aber an, nach Abenberg zu fahren und im Hotel Restaurant Burg Abenberg zu speisen. Beste Küche wird geboten.

WALLENSTEIN-BRUNNEN /// NEUBAUGASSE/SCHLOSSPLATZ /// 90518 ALTDORF ///

WEITERE INFORMATIONEN ERHALTEN SIE BEI DER TOURIST-INFO DER STADT ALTDORF /// OBERER MARKT 2 /// 90518 ALTDORF BEI NÜRNBERG /// 0 91 87 / 80 70 /// WWW.ALTDORF.DE ///

EIN DENKMAL FÜR DEN ZECHER

Altdorf: Wallenstein-Brunnen

2

Der Brunnen für Wallenstein in Altdorf zeigt ein anderes Gesicht des großen Feldherrn: Studentenleben in Saus und Braus mit Bier und hübschen Mädchen.

Doch beginnen wir in Nürnberg. Dort wurde 1526 das Gymnasium St. Egidien gegründet, beteiligt unter anderem Philipp Melanchthon und Martin Luther. Am 29. Juni 1575 verlegte man die Schule nach Altdorf, damit die Studenten in der Provinz vor den Ablenkungen in der Stadt bewahrt blieben. Im Jahre 1582 wurde der Ostflügel mit dem größten Hörsaal erbaut, ein Jahr später das Torhaus. Die Nürnberger wollten die Schule zur Universität umwidmen, doch erst am 29. Juni 1623 gelang dies. Kaiser Ferdinand II. genehmigte die Universität gegen eine Zahlung von 25.000 Gulden und andere Auflagen.

In dieser Zwischenzeit schrieb sich ein gewisser Albrecht von Wallenstein, 16 Jahre alt, in der Schule ein (1599), Sohn eines protestantischen Gutsbesitzers. Später wurde er als Feldherr des Dreißigjährigen Krieges berühmt und war berüchtigt. Eigentlich sollte er fleißig studieren, aber Alkohol und Mädchen reizten ihn wesentlich mehr. Nach nur wenigen Wochen geriet er in einen Skandal um die Ermordung von Wolff Fuchs, einem Fähnrich der Bürgerwehr. Wenig später misshandelte er seinen Diener mit Peitschenhieben, weil dieser untätig aus dem Fenster auf den Markt sah. Dafür erhielt er eine Bestrafung, doch die Klagen setzten sich fort. Mitte März 1600 tauchte sein Name zum letzten Mal in den Universitätsannalen auf. Dann verschwand Wallenstein aus Altdorf und setzte andernorts sein Studium fort. Die Altdorfer atmeten auf.

Wallenstein ist zwar in Altdorf kein Vorbild, dennoch widmet man ihm alle drei Jahre die Wallensteinfestspiele. 1.000 Altdorfer werfen sich dann in historische Gewänder, um die wilde Zeit des Feldherrn aufleben zu lassen.

Nicht weit vom Wallenstein-Brunnen entfernt steht das Wichernhaus – die ehemalige Universität. Man kann den Gebäudekomplex betreten.

PRIVATBRAUEREI AMMERNDORFER BIER DORN-BRÄU ///
MARKTPLATZ 1–2 /// 90614 AMMERNDORF /// 0 91 27 / 5 75 44 ///
WWW.AMMERNDORFER-BIER.DE ///

GASTHOF ZUR SONNE /// MARKTPLATZ 5 /// 90614 AMMERNDORF ///
0 91 27 / 90 47 84 /// WWW.ZUR-SONNE-AMMERNDORF.DE ///

Ammerndorf: Privatbrauerei Ammerndorfer Bier Dorn-Bräu 3

Mag sein, dass die Ammerndorfer etwas übertreiben, denn die Webseite der Privatbrauerei darf man nur »betreten«, wenn man über 16 Jahre alt ist. An den Brauereigebäuden in Ammerndorf vorbei flanieren dürfen durchaus auch Jünglinge. So gefährlich kann ihr Bier also nicht sein. Es ist jedenfalls reichlich geschichtsträchtig, denn bereits 1505 kann man die ersten Brauereiaktivitäten nachweisen. Die »richtige« Firmen-Bier-Geschichte beginnt aber erst 1730, als die Brauerfamilie Steinberger mit dem Bau des heute noch existierenden Brauereigebäudes begann. Heute sind die Ammerndorfer die Einzigen ihrer Zunft im Landkreis Fürth und sind stolz auf eine über 280-jährige Familientradition in der Kunst des Bierbrauens. Die Ammerndorfer Bier Dorn-Bräu H. Murmann GmbH & Co. KG befindet sich in strategisch guter Lage am Marktplatz. Sie wird in der neunten Generation nunmehr von zwei Frauen, Christine und Claudia, geführt. In Mittelfranken haben selbst beim Bierbrauen die Frauen das Sagen.

Die Schwestern hatten mit ein paar Ideen für neue Rezepturen »gedroht«. Aber da der Franke recht bodenständig ist, blieb natürlich das Helle, das Dunkel und das Spezial erhalten. Allen Bieren ist gemeinsam, dass das Braugetreide aus regionalem Anbau kommt, das Brauwasser aus Tiefenbrunnen, der Hopfen beste Qualität hat und mindestens 40 Tage gelagert wird. Die Brauerei kann man besichtigen und das Bier in der Kneipe probieren. Die Gebäude dienen zwar dem kommerziellen Geschäft, die Atmosphäre ist aber eher gemütlich als hektisch. In Franken wird das Bier in Ruhe gebraut.

Früher fand im »Sommerkeller« immer das Weißbierfest statt. Seit 1857 lagerte Johann Lorenz Dorn im großen unterirdischen Eis-Raum sein Bier. Den schönen Biergarten darüber gibt es aber nicht mehr.

Essen und Trinken kann man in der »Sonne«, entweder in der Gaststube oder draußen an den Tischen auf den Pflastern des Marktplatzes.

DER EINGANG ZUM LEONHART-FUCHS-GARTEN BEFINDET SICH IN DER STRASSE »PROMENADE«, DIREKT AN DER BUSHALTESTELLE »ANSBACH SCHLOSSPLATZ«.

NÄHERE INFORMATIONEN ERTEILT DIE SCHLOSS- UND GARTENVERWALTUNG /// PROMENADE 27 /// 91522 ANSBACH /// 09 81 / 9 53 83 90 /// WWW.SCHLOESSER.BAYERN.DE/DEUTSCH/GARTEN/OBJEKTE/ANSBACH ///

WO DIE WICHTIGSTEN KRÄUTER GEDEIHEN

Ansbach: Leonhart-Fuchs-Garten

4

Den Hofgarten der Ansbacher Markgrafen gibt es bereits seit langer Zeit. Mitte des 16. Jahrhunderts wird er erwähnt. Der Hofgarten ist durch eine Promenade vom Schloss getrennt. Ausgerichtet ist er auf die Orangerie (1743). Mitte des 18. Jahrhunderts erfolgte die Gestaltung als Barockgarten.

Der Leonhart-Fuchs-Garten liegt neben dem Hofgarten, im ehemaligen Gärtnereigelände, und ist nach dem Botaniker und Arzt Leonhart Fuchs benannt. Zwischen 1528 und 1535 hielt sich der Wissenschaftler in Ansbach auf, als Leibarzt für den Markgrafen Georg von Brandenburg. Er gilt als einer der »Väter der Botanik«, weil er diese Wissenschaft dem Volk nahebrachte. In seiner Ansbacher Zeit schrieb er sein berühmtes Heilpflanzenbuch, das 1543 erstmals in deutscher Sprache erschien. Titel: New Kreüterbuch.

2001 wurde auf dem Gebiet der ehemaligen Gärtnerei der »Fuchsgarten« angelegt. Mittlerweile gedeihen dort über 500 Pflanzen, die Leonhart Fuchs in seinem Kräuterbuch beschreibt. Die Pflanzen sind alle beschriftet, so dass man sie zuordnen kann.

Fuchs fühlte sich in Ansbach sehr wohl. Er hoffte auf eine Professur an der neuen Ansbacher Universität. Als die Hochschulgründung jedoch scheiterte, ging er an die Universität Tübingen und übernahm, 34-jährig, den Lehrstuhl für Medizin. Sein Landesherr Herzog Ulrich von Württemberg beauftragte ihn, die Universität neu zu organisieren. Bald darauf wurde er zum Dekan der medizinischen Fakultät berufen. 1566 starb er in Tübingen. Er wurde 65 Jahre alt.

Übrigens: Im Jahr 1697 entdeckte Charles Plumier, »Königlicher Botaniker« Ludwigs XIV., auf Haiti eine neue Pflanzengattung, die zur Familie der Nachtkerzengewächse gehört. Er gab dieser Pflanze den botanischen Namen »Fuchsia«, zu Ehren von Leonhart Fuchs.

Vom Fuchsgarten aus kann man den Hofgarten und die Orangerie besuchen. Und natürlich auf der anderen Seite, die Promenade entlang, zum Schloss gehen. Man bleibt auf historischem Boden.

KRIEGERDENKMAL /// MARKTPLATZ /// 91438 BAD WINDSHEIM ///

WEITERE INFORMATIONEN ERHALTEN SIE BEI DER TOURIST-INFORMATION DER STADT BAD WINDSHEIM /// MARKTPLATZ 1 /// 91438 BAD WINDSHEIM /// 0 98 41 / 6 68 97 00 /// WWW.BAD-WINDSHEIM.DE ///

EIN ROLAND, DER KEINER IST

Bad Windsheim: Kriegerdenkmal

5

Normalerweise ist der Roland ein Ritter in Rüstung, dessen bloßes Schwert als Sinnbild für bestimmte Stadtrechte gilt. So nicht der Bad Windsheimer Roland, auch wenn der Ort schon lange die Stadtrechte besitzt (1248). Insofern ist der Roland dort ein Missverständnis und fast neu. Die Säule wurde erst im Jahr 1928 eingeweiht, und zwar als Mahnmal für die Gefallenen der beiden Kriege mit Frankreich.

Trotzdem taugt der Roland bestens als Mittelpunkt der Stadt. Links neben ihm befindet sich das Rathaus, das fast wie ein Schloss wirkt. Ein Barockbau, der von 1713 bis 1717 erbaut wurde. Nur 13 Jahre später brannte er aus und wurde 1732 neu errichtet und renoviert. Der Bürgermeister hat jedenfalls einen guten Blick auf seinen Marktplatz.

Hinter dem Roland erhebt sich die mächtige evangelische Stadtkirche St. Kilian (Mittelpunkt der zweiten Stadtgründung), die ebenfalls 1730 beim Stadtbrand zerstört und 1733 wiederaufgebaut wurde. Schon 1289 wurde die Kirche urkundlich erwähnt. Der Ursprungsbau stammt wahrscheinlich aus den Jahren 1190 bis 1216. Der Nordturm entstand zwischen 1738 und 1744. Durch die grundlegende Renovierung 1986 macht die Kirche heute innen und außen einen guten Eindruck.

Im Kirchhof stehen beeindruckende Fachwerkhäuser: An erster Stelle die Alte Lateinschule aus dem Jahr 1573 (Vorgängerbau 1400 bis 1438). Damit ist die Schule eines der ältesten Gymnasien im nordbayerischen Raum. Das Rektorhaus stammt aus dem Jahr 1567 mit einem spätmittelalterlich geprägten Fachwerkgiebel. Hier zogen 1991 das Dekanat und das Pfarramt ein.

Auf dem Marktplatz findet der Wochenmarkt statt, auf dem die Bauern aus dem Umland Früchte, Gemüse, Kartoffeln, aber auch Brot, Wurst und Käse anbieten. Man kann gut einkaufen oder Leckereien gleich auf der Stelle verspeisen.

Bad Windsheim ist eine durch und durch historische Stadt. Dazu gehört das Freilandmuseum mit gut 100 Gebäuden. Es zeigt die Vergangenheit sehr eindrücklich.

GEORG-WILHELM-STELLER-DENKMAL /// SCHÜSSELMARKT /// 91438 BAD WINDSHEIM ///

GRUSS VON DER BERINGINSEL

Bad Windsheim: Georg-Wilhelm-Steller-Denkmal

6

Nicht alle Windsheimer kennen den berühmtesten Sohn ihrer Stadt, zumindest wissen sie nicht, wo sich das Georg-Wilhelm-Steller-Denkmal befindet. Es wurde erst 2009 am Schüsselmarkt errichtet, 300 Jahre nach Stellers Geburt.

In Windsheim geboren, in einfachen Verhältnissen aufgewachsen, ins Gymnasium gegangen, das später nach ihm benannt wurde. Die Windsheimer schickten ihn mit einem Stipendium zum Theologiestudium nach Wittenberg. Als das Stipendium wegen Ebbe in der Stadtkasse gestrichen wurde, beendete er das Theologie-Studieren. So wurde er Botaniker und Mediziner. Da die Aufstiegsmöglichkeiten in Deutschland gering waren, begab er sich nach Russland und verdingte sich 1737 bei der zweiten Kamtschatka Expedition. Unter Vitus Bering entdeckte die Crew 1741 Alaska. Steller blieben nur zehn Stunden für seine Erkundungen. Dies reichte aus, um etwa 160 Pflanzenarten zu dokumentieren.

Auf der Rückfahrt strandete das Schiff auf der heutigen Beringinsel. Der Arzt und Biologe Steller konnte viele Besatzungsmitglieder vom Tod bewahren. Vitus Bering starb jedoch 1741 auf der Insel. Neben dem Überlebenskampf auf der Insel setzte Steller seine naturkundlichen Beobachtungen fort. Unter anderem beschrieb er detailliert die Seekuh, die später den Namen Stellersche Seekuh erhielt. Auf der Rückreise nach St. Petersburg verstarb er 1746.

Das Steller-Denkmal des Nürnberger Künstlers Christian Rösner besteht aus zwei Teilen: Die kleine Skulptur zeigt Steller als Kind, das im Wasser nach einer Schnecke greift. Das fließende Wasser symbolisiert den Lebensweg Stellers. In der großen Skulptur dominiert die Seekuh. Sie scheint über dem Wasser zu schweben, von Steller ehrfürchtig berührt. Mit dem Denkmal wird zugleich den Seekühen gedacht, die bereits 27 Jahre nach ihrer Entdeckung ausstarben.

Noch mehr Entdecker: Der ehemalige Bürgermeister von Bad Windsheim (ab 1658) wanderte nach Amerika aus und gründete 1683 die erste deutsche Siedlung, Germantown genannt. Er wurde ihr Bürgermeister.

DAS ALTMÜHLQUELLGEBIET LIEGT AN DER NEA 52, ZWISCHEN BURGBERNHEIM UND WINDELSBACH, NAHE DER ORTSCHAFTEN HORNAU UND ERLACH.

WEITERE INFORMATIONEN ERHALTEN SIE BEI DER TOURIST-INFO DER STADT WINDELSBACH /// ROTHENBURGER STRASSE 5 /// 91635 WINDELSBACH /// 0 98 67 / 4 43 /// WWW.WINDELSBACH.DE ///

DER LÄNGSTE REIN INNERBAYERISCHE FLUSS

Burgbernheim-Erlach: Altmühlquellgebiet

7

Die Altmühl ist sicherlich für die Besiedlung der Gegend in grauer Vorzeit verantwortlich. Viele Siedlungen entstanden an ihren Ufern. Aber wo bitte entspringt die Altmühl? Wie lang ist sie? Eine eindeutige Antwort darauf gibt es nicht, denn die Quelle ist umstritten. Es gibt jedoch Wahrscheinlichkeiten, eine davon verortet sie bei Erlach.

Der Hirschteich nahe dem Wildbad auf dem Gebiet der Gemeinde Burgbernheim wird bereits im Urkataster als »Ursprung der Altmühl« ausgewiesen. Andere behaupten jedoch, es sei der Hornauer Weiher, ein vor Jahrhunderten aufgestauter Mühlweiher. In ihn fließt neben anderen Quellbächen auch das Wasser des Altmühlgrabens. Die Windelsbacher, die Besitzer des Hornauer Weihers sind, können darauf verweisen, dass das »Königlich-Bayerische Hydrographische Bureau« 1904 den Hornauer Weiher als Ursprung der Altmühl festgelegt hat.

Die Burgbernheimer müssen dagegen eingestehen, dass aus der Urquelle häufig kein Wasser mehr kommt. Deshalb schlagen sie vor, als Quelle diejenige mit der stärksten Wasserschüttung zu definieren, die sich bei der Erlach-Siedlung befindet. Das behauptet nun wohl eine Mehrzahl von Bürgern und Fachleuten.

Wegen der unterschiedlichen Quellen-Annahmen ist auch die Längen-Angabe der Altmühl nicht einheitlich. Offiziell ist sie 225 Kilometer lang und damit der längste rein innerbayerische Fluss.

Folgt man diesen Überlegungen, so entspringt die Altmühl der Quelle bei einem Gehöft bei der Erlach-Siedlung (ausgeschildert) – offensichtlich auf Privatgrund. Der Bauer ist jedenfalls gar nicht begeistert, wenn die Touristen seine Wiesen niedertrampeln. Deshalb hat er um die Quelle herum alle möglichen Verbotsschilder angebracht. Das ist irgendwie ein zusätzlicher Grund, die vermutliche Quelle mal in Augenschein zu nehmen.

Im Gasthof zur Altmühlquelle kann man sich mit dem Inhaber Jochen Popp bei einem fränkischen Schäuferla über die Altmühlquelle unterhalten. Gleich in der Nähe befindet sich der Hornauer Weiher.

EHEMALIGES PFARRHAUS /// HAUPTSTRASSE 12 ///
97593 BURGBERNHEIM-SCHWEBHEIM /// 0 98 41 / 6 52 77 70 ///
WWW.PFARREI-HOF.DE ///

VOM HÜHNERSTALL ZU NEUEM BAROCKEN GLANZ

Burgbernheim-Schwebheim: ehemaliges Pfarrhaus

8

Schwebheim ist bereits seit 992 in Urkunden erwähnt als Suebheim, was so viel wie »Hain der Schwaben« bedeutet. Der kleine Ort mit seinen knapp 250 Bewohnern gehört heute zu Burgbernheim.

In der Hauptstraße von Schwebheim befindet sich das ehemalige Pfarrhaus, einst Teil eines größeren Pfarrhofes aus der zweiten Hälfte des 18. Jahrhunderts. Es ist ein stattlicher Barockbau mit Walmdach, hat zwei Geschosse und fünf Fensterachsen. Er wirkt behäbig und ist ausladend. Eine große Wiese breitet sich vor dem Eingang aus. Bis 1960 residierte im Pfarrhaus noch der Pfarrer, dann aber verfiel das Gebäude. Es diente als Lager und auch als Hühnerstall. Dem Haus drohte schon der Abriss. Doch zum Glück verfügte es über eine gute und gesunde Bausubstanz, so dass ein Privatinvestor das historische Gebäude übernahm und es mit viel Mut und Liebe zu neuem Leben erweckte. Es ist mittlerweile eines der letzten barocken Pfarrhäuser in der Region und hat ein bisschen von diesem barocken Glanz dem Ort zurückgegeben. Die gelben Fensterrahmen und Fensterläden bilden einen wunderbaren Kontrast zum Blauton des Hauses. Der Dachstuhl wurde erneuert und mit neuen und alten Ziegeln gedeckt.

Bei einem Rundgang im Ort kann der Besucher weitere Fachwerkhäuser und -scheunen bestaunen. Ein lohnendes Besichtigungsziel stellt die Kirche dar, die dem Laurentius geweiht ist. Sie steht auf einer Anhöhe und ist umschlossen von einer Friedhofsmauer sowie von einem Kranz aus mächtigen Kastanienbäumen, als wollten Mauer und Bäume die Kirche vor jedem Zugriff schützen. Der Kirchturm mit seinen Schieferschindeln bietet einen für die Region durchaus ungewohnten Anblick. Er stammt aus dem 13. Jahrhundert, das Langhaus wurde um 1700 erbaut.

Zu Burgbernheim gehört auch Wildbad, idyllisch im Wald gelegen. Es zählt zu den Mineralbädern Deutschlands, wurde von Kaiser Lothar (1125–1135) besucht und in Verbindung mit Kaiser Karl IV. erwähnt.

UM ZUM GRENZPUNKT DREI-FRANKEN-STEIN ZU GELANGEN, FAHREN SIE VON BURGHASLACH KOMMEND AUF DER ST2256 NACH FREIHASLACH UND BIEGEN AM ORTSENDE RECHTS AB. DER DREI-FRANKEN-STEIN BEFINDET SICH ETWA AUF HALBER STRECKE NACH HEUCHELHEIM AUF DER RECHTEN SEITE.
WWW.DREIFRANKENSTEIN.DE ///

WEITERE INFORMATIONEN ERTEILT DIE GEMEINDEVERWALTUNG MARKT BURGHASLACH /// KIRCHPLATZ 12 /// 96152 BURGHASLACH /// 0 95 52 / 9 32 00 /// WWW.BURGHASLACH.DE ///

EIN ORT DER BERÜHRUNGEN

Burghaslach: Grenzpunkt Drei-Franken-Stein

9

Wir stehen vor einem Gedenkstein, dessen Pflege sich die Drei-Franken-Gemeinden Burghaslach (Mittelfranken), Geiselwind (Unterfranken) und Schlüsselfeld (Oberfranken) teilen.

Als Franken 1806 von Bayern einverleibt wurde, teilten die neuen Herrscher die Region in die Verwaltungskreise Obermain, Untermain und Rezatkreis auf. Der Name Franken sollte so für alle Zeit von der Landkarte verschwinden.

Die Bevölkerung protestierte. Aber es sollte 31 Jahre dauern, bis 1837 die Bezirke in Ober-, Mittel- und Unterfranken wieder umbenannt wurden. An der Grenzstelle, wo sich alle drei Teilregionen berühren, wurde zunächst 1892 eine Sandsteinsäule errichtet, 1,35 Meter hoch. Mit der Gebietsreform im Jahr 1972 verschoben sich jedoch die Grenzen der Regierungsbezirke, so dass der Drei-Franken-Stein von 1892 nicht mehr an die Stelle passte. Sechs Jahre vergingen bis zu einem Neu-Aufstellungs-Beschluss. Nun steht der neue Drei-Franken-Muschelkalkstein, 2,80 Meter hoch, 2,5 Tonnen schwer, dort, wo er seiner Bedeutung nach hingehört.

Im Juni 2013 wurde am Drei-Franken-Stein ein sogenannter Geodätischer Referenzpunkt errichtet. Dieser Referenzpunkt ermöglicht es, die Genauigkeit handelsüblicher GPS-Empfänger zu überprüfen und seine Position exakt zu bestimmen. Überzeugte Franken führen gerne noch aus, dass dieser Stein auch eine Geschmacksgrenze darstellt. Er verbindet Weinfranken mit Bierfranken. Während Unterfranken für seine hochwertigen Weine bekannt ist, steht Oberfranken für die Region mit der höchsten Brauereidichte der Welt. Kulinarisch gibt es auf der einen Seite dieser Grenze eine Häckerbrotzeit mit einem erdigen Silvaner, auf der anderen Seite ein fränkisches Schäufela mit Kellerbier. In Mittelfranken kann man jeden Genuss haben.

Der Drei-Franken-Stein-Weg führt über 40 Kilometer hinweg durch die Drei-Franken-Gemeinden Burghaslach (Mittelfranken), Geiselwind (Unterfranken) und Schlüsselfeld (Oberfranken).

FÜRSTLICH CASTELL'SCHES SCHLOSS /// KIRCHPLATZ 1 ///
96152 BURGHASLACH ///

IM GEWÖLBE LAGERT DAS GELD

Burghaslach: Fürstlich Castell'sches Schloss

10

Die Karolinger nannten Burghaslach »Haselaha«, was so viel heißt wie »an einem mit Haselbüschen bestandenen Bach gelegen«, irgendwie richtig poetisch.

Nachgewiesen ist der Ort seit 1136, viel länger jedoch bewohnt. Ein Dokument aus dem Jahr 1344 berichtet über einen Gerichtsbezirk Burghaslach mit 70 Ortschaften, Einöden, Weiler und Mühlen. Und es gab einen Galgenberg, die Richtstätte, südlich von Burghaslach.

Im 14. Jahrhundert erbaute man das Schloss, eher vielleicht eine Burg (Castrum Haselach). Bekannt ist, dass Gottfried III. von Hohenlohe, in Personalunion Bischof von Würzburg, diese Burg 1314 bis 1322 dem Grafen von Castell als Lehen übergab. Es fanden diverse Eigentümerwechsel statt wie auch Burganbauten und -umbauten. Durch Erbschaft ging die Burg wieder zurück an die Casteller. Seit 1687 nutzten sie diese als Amtsschloss. Später entschlossen sie sich für einen Neubau im klassizistischen Stil, der von 1822 bis 1826 errichtet wurde. Im Laufe der Zeit bürgerte sich ein, das Gebäude Fürstliches Castell'sches Schloss von Burghaslach zu nennen.

Die Fürsten richteten in dem altehrwürdigen Bau eine Filiale ihrer Bank ein. Die Gräflich Castell-Remlingen'sche Landes-Credit-Cassa wurde 1774 gegründet mit dem Auftrag, Handwerker, Kaufleute und Bauern in ihren wirtschaftlichen Aktivitäten zu unterstützen. Eine hehre Aufgabe. Dafür haben die Gründer Lob verdient. Man kann daraus schließen, dass bereits die Grafen von Castell erkannten, dass sich eine Region nur dann gut entwickelt, wenn auch die regionale Wirtschaft mit ihren Investoren prosperiert. Das haben heutzutage leider einige Großbanken aus dem Blick verloren. In Burghaslach kann man im Schloss die Bank besuchen und überprüfen, ob die Banker noch dieser Idee folgen.

Wem es im Schloss zu »trocken« geworden ist, kann von dort aus dem Wasserlehrpfad folgen. Das Herzstück ist eine Kneippanlage, an der man sich gut erfrischen kann.

UM ZUM FERNMELDETURM INDERNBUCH ZU GELANGEN, VERLASSEN SIE DEN ORT 91790 INDERNBUCH ÜBER DEN WASSERWEG IN RICHTUNG OSTEN. VOM ORTSENDE SIND ES NOCH CIRCA 1,5 KILOMETER.

WEITERE INFORMATIONEN ERHALTEN SIE BEI DER GEMEINDE NENNSLINGEN /// SCHMIEDGASSE 1 /// 91790 NENNSLINGEN /// 0 91 47 / 9 41 10 /// WWW.BURGSALACH.DE ///

VON WO MAN WEIT SEHEN KÖNNTE

Burgsalach-Indernbuch: Fernmeldeturm

11

Nein, keine Sehenswürdigkeit. Oder doch? Die Windkrafttürme sind wir schon gewohnt, die weißen Spargel, die hoch über unsere Wälder hinausragen. Und damit haben sie sogar eine gewisse harmonische Eleganz. Man könnte fast meinen, sie geben der Landschaft erst den richtigen Akzent. Sie sind das Tüpfelchen auf dem berühmten i, das aus Feldern, Wiesen, Wälder besteht. Die Spargel bohren sich ins Firmament. Da fällt uns ein Fehler auf, ein Misston in der Landschaft. Es ist ein Turm, der ganz anders geschnitten ist, der ein anderes Profil aufzeigt. Ein Fernsehturm. Er bringt in der Tat das Firmament in Unordnung.

Dies fällt uns auf, so empfinden wir bei Indernbuch, einem Ortsteil von Burgsalach. Ein Dorf mit 200 Einwohnern, gelegen auf einer Höhe von 580 Metern. Östlich von Indernbuch, auf dem bewaldeten Büchelberg, also noch einmal etliche Meter höher, steht der Fernmeldeturm aus Stahlbeton. Er ist 158 Meter hoch und damit auf Platz 55 in der Reihe der deutschen Fernsehtürme gemessen an ihrer Höhe.

Man kann ihn nicht besteigen. Von oben hätte man einen schönen Blick über das Spargelland. Man könnte sozusagen auf Du und Du mit den Windkrafttürmen kommunizieren. Gesucht ist der beste Aufnahmewinkel, um der faszinierenden Technik ein Bild zu geben. Unsere Lebenszukunft.

Wir sind hier gar nicht so weit vom Raetischen Limes entfernt, der zu seiner Zeit ebenfalls ein Wunderwerk der Technik war. Der Vergleich passt irgendwie.

Indernbuch wurde zu Beginn des 12. Jahrhunderts gegründet, als Ansiedlung im Innern eines Waldes, wie der Name verrät. Das wird 1119 urkundlich bestätigt als Unternpuch. Erst 1473 konnte man sich eine eigene Kirche leisten, die abbrannte und wiederaufgebaut wurde.

Noch ein Turm ist erwähnenswert. In der Ortsmitte steht heute ein Glockenturm.

Nachbarort ist Burgsalach am Limes mit Fundamenten eines steinernen Wachturms, einem nachgebildeten Holzturm sowie mit Grundmauern des Burgus, einer römischen Truppenunterkunft für eine Hundertschaft.

HOTEL SPORCHERNEST /// HAFFNERSGARTENSTRASSE 1 /// 90556 CADOLZBURG /// 0 91 03 / 7 90 23 90 /// WWW.SPORCHERNEST.DE ///

Cadolzburg: Hotel Sporchernest

Es gleicht fast einem Wunder, wie sich aus dem lange leerstehenden Haus ein hübsches Hotel geschält hat – ein Hotel mit historischem Flair und modernster Ausstattung. Wann das erste Haus an dieser Stelle entstand, lässt sich nicht mehr nachvollziehen. Gesichert ist jedoch, dass 1619 dort erstmals eine Behausung für adelige Burgmannen eingerichtet wurde, die bewirtschaftet war. Zwei Jahrhunderte später, 1826, wurde das Gehöft zum Gasthof ausgebaut. Nun durften auch die einfachen Cadolzburger Platz nehmen.

Wegen mangelnder Rentabilität stand das Haus jedoch lange Zeit leer, worunter die Bausubstanz schwer litt. Glücklicherweise fanden sich Käufer mit einem Gespür für historische Gemäuer. Langsam und behutsam renovierten sie das Gebäude von 2014 bis 2016. Dann eröffnete das Haus als Hotel erneut seine Pforten.

Man hört aufregende Architekturgeschichten: Damit die alten Holzbalken den statischen Forderungen genügten, mussten sie mit Stahlplatten möglichst unsichtbar verstärkt werden. An die krummen Wände schmiegt sich nun eine Einrichtung, welche die Unebenheiten hinter sich verbirgt. Es wurde viel umgebaut, manches auch eingerissen. Aber die floralen Steinornamente an der Fassade blieben bestehen. Und die rötliche Fassadenfarbe, die manchen Betrachter irritiert, entspricht der historischen Farbgebung. Besonders stolz sind die Eigentümer auf den Felsenkeller. Er ist original erhalten und sozusagen das Beweisstück für die Historie.

Elf freundlich gestaltete Gästezimmer bieten moderne, neueste Technik. Das Café mit Bar und Terrasse soll österreichische Kaffeehauskultur nach Cadolzburg bringen. Jetzt könnte man noch über den Namen rätseln. Es wird behauptet, dass Sporch ein alter, fränkischer Ausdruck für Cadolzburg ist. Wer weiß.

☞ Gegenüber dem Sporchernest befindet sich das Stadttor, das in den historischen Kern von Cadolzburg führt – bis zur Cadolzburg. Ein Spaziergang lohnt sich.

AUSSICHTSTURM CADOLZBURG /// BRANDSTÄTTERSTRASSE 50 /// 90556 CADOLZBURG ///

WEITERE INFORMATIONEN ERHALTEN SIE BEIM RATHAUS CADOLZBURG /// RATHAUSPLATZ 1 /// 90556 CADOLZBURG /// 0 91 03 / 50 90 /// WWW.CADOLZBURG.DE ///

EIN BLEISTIFT ZUM ERKLIMMEN

Cadolzburg: Aussichtsturm

13

Ende des 19. Jahrhunderts ging es in Cadolzburg noch recht beschaulich zu. Trotz Burg zog es die Nürnberger Ausflügler kaum an den Ort. Er lag einfach zu sehr abseits. Er musste also eine PR-Offensive starten. 1892 verlegte man daher die Schienen der Rangaubahn, was einen Ausflug von Fürth nach Cadolzburg erleichterte. Dies stellte sich als gute Lösung heraus, weil die Gemeinde auf diese Weise an das Schienennetz des Großraums angeschlossen war. Und nun kam noch eine weitere tolle PR-Idee dazu: ein Aussichtsturm musste her.

Die Münchner Lokalbahn AG langte tief in ihr Geldsäckel und ließ den Aussichtsturm 1893 an der höchsten Stelle von Cadolzburg erbauen. 25 Meter reckt er sich in die Höhe. 143 Stufen sind zu erklimmen, um auf die Aussichtsplattform zu kommen. Das quadratisch geformte Holztreppenhaus ist fünf Stockwerke hoch. Auf etwa halber Höhe kann der Besucher durch eine Holztür auf einen kleinen Balkon an einer Seite des Turms treten. Im oberen, leicht verjüngten Teil befindet sich auf Stützen eine überdachte Aussichtsplattform. Von dort reicht der Blick bei gutem Wetter über die Stadt und das fränkische Land hinweg. Die Turmspitze schmückten einst vier dekorativ hervortretende Fenster. So machte der Turm einen prächtigen Eindruck. Liebevoll nennen ihn die Cadolzburger »Bleistift«.

Das Kalkül ging auf. Die Touristen freuten sich über den Turm und machten gerne einen Sonntagnachmittag-Ausflug zum »Bleistift« nach Cadolzburg. In Schriften kann man lesen, dass manchmal an einem Wochenende bis zu 20.000 Besucher nach Cadolzburg strömten.

Heute noch kann man den Turm gegen einen Obolus besteigen. Es lohnt sich immer noch. Auch das moderne Cadolzburg lässt sich aus der Vogelperspektive gut betrachten.

Der Aussichtsturm liegt in einem älteren Villenviertel. Über die Haffnersgartenstraße gelangt man schnell in die Altstadt, in der sich Restaurants, ein Weinlokal sowie eine Eisdiele befinden.

BURG COLMBERG /// AN DER BURGENSTRASSE /// 91598 COLMBERG ///
0 98 03 / 9 19 20 /// WWW.BURG-COLMBERG.DE ///

GUTSHOF COLMBERG /// BURGSTRASSE 26 /// 91598 COLMBERG ///
0 98 03 / 14 49 /// WWW.GUTSHOF-COLMBERG.DE ///

VON RAUBRITTERN UND KAISERN BEWOHNT

Colmberg: Burg

14

Eine wuchtige Burg, gekonnt renoviert und mit gehobener Gastronomie, reckt sich über Colmberg und bietet einen Blick in das fränkische Land.

Die hiesige Geschichte beginnt um das Jahr 700, als die Frankenkönige hier ihrer Jagdlust frönten. Selbst Karl der Große soll in dieser Region schon Auerochsen gejagt haben. Um das Jahr 770 erbauten die Karolinger auf dem Bergsporn eine kleine Palisadenburg mit einem hölzernen Turm.

Erst die staufischen Kaiser bauten sie nach 1140 zu einer Reichsburg aus. Gegen 1240 entstand der 32 Meter hohe Bergfried. Er ruht auf sechs Meter dicken Mauern, beherbergt vier Stockwerke und einen Tiefbrunnen. Die Burg war mit einem doppelten Mauerring und einem Erdwall mit Graben befestigt, so dass alle Angriffe scheiterten, auch die im Bauernkrieg.

Nach der Sage erbauten Riesen die Burg, die ihren Daumenabdruck in den Steinen hinterließen. Es handelt sich allerdings um Löcher in den mächtigen Steinquadern, die für die großen Greifzangen notwendig waren, um sie mit Flaschenzügen auf die benötigte Höhe zu ziehen.

Die Herren auf der Colmberg waren Raubritter, die die Region terrorisierten, bis sie schließlich mit einem Bann belegt wurden. 1318 kaufte Burggraf Friedrich IV. von Nürnberg die Burg. Fast 500 Jahre lang war diese Festung mit ihrem Umland ein wichtiger Besitz der Hohenzollern. Die machten noch Karriere: 1701 Könige von Preußen, 1871 deutsche Kaiser. Die Burg Colmberg war sozusagen das Sprungbrett der Hohenzollern in die Weltgeschichte!

Nach der Abdankung des letzten Markgrafen Alexander 1791 stand Colmberg bis 1806 unter preußischer Verwaltung. 1810 wurde sie Sitz eines Rentamtes.

Nach so mancherlei Privatisierung erwarb der Colmberger Maurermeister Hans Unbehauen 1964 die Festungsanlage. Sein Sohn richtete hier später das Burghotel ein.

Auf der Burg kann man dinieren, übernachten oder Hochzeit feiern. Wem die Lokalität zu teuer ist, kann etwas weiter unterhalb auf den Gutshof Colmberg ausweichen.

WASSERSCHLOSS ZU DACHSBACH /// KIRCHPLATZ 2 ///
91462 DACHSBACH /// WWW.WASSERSCHLOSS-DACHSBACH.DE ///

WEITERE INFORMATIONEN ERHALTEN SIE BEI DER GEMEINDE MARKT
DACHSBACH /// SCHULSTRASSE 11 /// 91462 DACHSBACH ///
0 91 63 / 4 29 /// WWW.DACHSBACH.DE ///

WO DER HERRGOTT PERSÖNLICH RESIDIERTE

Dachsbach: Wasserschloss

15

Irgendwie quadratisch und praktisch. Wenig Schloss, wenig Wasser, wenngleich um das Wasserschloss in Dachsbach immer noch ein Wassergraben bei der ehemaligen Burgmauer verläuft. Von einer Wasserburg oder eher von einem festen Haus, von einem *castrum,* weiß man seit 1280, als die Nürnberger Burggrafen es erwarben. Im Bauernkrieg (1525) wurde das *castrum* von aufrührerischen Bauern erobert, dann von den Nürnbergern rückerobert und anschließend von Albrecht Alcibiades dem Erdboden gleichgemacht. Die Nürnberger ließen sich nicht verdrießen und bauten das feste Haus im gleichen Jahr wieder auf, mit einem wirtschaftlich erfolgreichen Konzept: die Kombination mit einem wasserkraftgetriebenen Mühl- und Sägewerk. Im Dreißigjährigen Krieg nochmals zerstört, 1634 als Wohnturm wieder aufgebaut. So steht es heute da.

Nebendran die Pfarrkirche St. Marien, anstelle einer ehemaligen Schlosskapelle. Die Mauer lässt erahnen, wie weit sich die Wasserburg ehemals ausbreitete. Es muss eine imposante Anlage gewesen sein.

Der Wohnturm besteht aus Buckelquadern, ist 25 Meter hoch. Lange Zeit glich er mehr einer Ruine. Nach der Renovierung dient er heute als Raum für Kunstausstellungen.

Die Nürnberger hatten in Dachsbach einen Amtssitz eingerichtet. Um 1797 hieß der Amtmann Herrgott. Das beschäftigte damals schon die Bewohner, die den Spruch »leben wie der Herrgott in Dachsbach« prägten. Und die Dachsbacher Bevölkerung musste sich »Herrgottsköpfe« nennen lassen. In dieser Zeit wurden weite Teile der Burganlage mit neuen Amtsgebäuden überbaut, so dass viel historische Bausubstanz verloren ging.

Der »Herrgott« wurde 1806 wegen dienstlicher Verfehlungen nach Bayreuth ins Gefängnis überführt, so war Dachsbach seinen Herrgott los. Die Baudenkmale erinnern noch an die bewegende Zeit.

Wer in Dachsbach Hunger bekommt, geht zum »Brandenburgischen Adler«. Dort gibt's Schäufele und Fränkisches mehr. In den Monaten mit »r« im Namen kann man auch Karpfen genießen.

ZUM LIMES GELANGEN SIE VON DER STADTMITTE IN ELLINGEN AUS IN RICHTUNG HÖTTINGEN. NACH 2,5 KILOMETER LINKS ÜBER EINEN UNBEFESTIGTEN WEG, DER GUT AUSGESCHILDERT IST.

WEITERE INFORMATIONEN ERHALTEN SIE BEI DER TOURISTINFO ELLINGEN /// SCHLOSSSTRASSE 3 /// 91792 ELLINGEN /// 0 91 41 / 97 65 43 /// WWW.ELLINGEN-TOURISMUS.DE ///

ALS DIE GERMANEN FRECH GEWORDEN

Ellingen: Limes

16

Der Limes kann nichts dafür, dass man ihn auf den Feldern und Äckern fast nicht mehr erkennt, jedenfalls wenn man nicht vom Fach ist. Aber da verlief er, eine kleine Anschüttung, genau das war der berüchtigte Wall. Damit sich Besucher von der römischen Vergangenheit einen Eindruck machen können, hat man in Ellingen (lateinisch *Sablonetum)* ein paar Mauern des alten römischen Kastells restauriert. Ellingen möchte allen zeigen, dass es an der Limesstraße liegt. Und erforscht hat man die Vergangenheit natürlich auch. So ist davon auszugehen, dass um das Jahr 120 ein erstes Kastell erbaut wurde. Damals versuchten die Römer, den Raetischen Limes zu schließen und auszubauen – als Schutz vor den Berserkern im wilden Germanien. Eine Steinmauer entstand anscheinend erst 182 unter dem Imperator Cäsar Marcus Aurelius Commodus Antonius Augustus, der als Germanenbezwinger bezeichnet wurde. Aus dieser Zeit stammen die umfassenden Umbaumaßnahmen im Inneren des Kastells.

Großen Bestand hatte das Befestigungswerk aber anscheinend nicht. Gegen 233 gaben die Römer das Kastell im Rahmen der Alemannenkriege auf, wobei die Historiker davon ausgehen, dass es sich um einen strategischen Rückzug handelte. Brände und kriegerische Zerstörungen konnten nicht nachgewiesen werden.

Auch wenn man sich das Ausmaß des Limes und dessen Kastelle nicht mehr recht vorstellen kann, hier bei Ellingen steht man doch ehrfürchtig vor den Mauerüberresten. Sie wirken nicht sensationell, sondern recht nüchtern, einfach in der Landschaft stehend. Sie lassen daran denken, vielleicht auch ein bisschen träumen, wie einst unsere Germanen-Vorfahren die Römer bekämpften und gleichzeitig so viel von ihnen und ihrer Lebensart aufnahmen und davon profitierten.

Seit 1995 gibt es die Deutsche Limes-Straße von Bad Hönningen am Rhein bis Regensburg an der Donau, vorbei an 60 bedeutenden römischen Denkmalen sowie archäologischen Lehrpfaden und Wanderwegen.

INFORMATIONEN ZUM EHEMALIGEN KLOSTERDORF ENGELTHAL ERTEILT DIE GEMEINDE /// HAUPTSTRASSE 41 /// 91238 ENGELTHAL /// 0 91 58 / 3 80 /// WWW.ENGELTHAL.DE ///

NONNEN UND MÖNCHE AN DER MACHT

Engelthal: ehemaliges Klosterdorf

17

Wenn vom ehemaligen Klosterdorf die Rede ist, geht es genau genommen um die »Kapellenscheune«, wie sie genannt wird. Nichts weist mehr darauf hin, dass hier einmal ein bedeutendes Kloster existierte. Vor dem Bau des Klosters stand an diesem Ort bereits die Kapelle aus dem im 11. Jahrhundert (zwischen 1057 und 1060), geweiht dem Heiligen St. Willibald. Die bis heute erhaltenen Fragmente der Kapellenscheune gehen auf einen Neubau im 14. Jahrhundert zurück.

1811 wurde die Ruine der ehemaligen Kapelle in einen Scheunenneubau integriert und seitdem profan genutzt. Der Name »Kapellenscheune« beschreibt die Kombination aus dem Chor der ehemaligen Kapelle und der in Fachwerk errichteten Scheune. Beide Gebäude vereinigt das Dach.

Die Kapellen-Reste und einige Mauerreste zeugen noch vom Kloster Engelthal. Es wurde gegründet, weil der Eichstätter Bischof im Auftrag des Papstes den Kirchenbann gegen die kaisertreue Stadt Nürnberg ausgesprochen hatte. Einige Klostergruppen mussten daraufhin Nürnberg verlassen und siedelten sich im Umland an. Ihre Sponsoren schenkten ihnen den kleinen Ort Swinach, den man später in Engelthal umbenannte. Das Kloster entwickelte sich gut, erhielt viele Schenkungen. Um das Jahr 1300 gehörten dem Kloster 54 Ortschaften, gegen 1350 waren es über 120. Aber nicht nur wirtschaftlich war dies eine Blütezeit, auch in spiritueller Hinsicht machte das Kloster von sich reden. Berühmt ist bis heute das Engelthaler Bibliotheksverzeichnis vom Jahr 1447.

Das Ende des Klosters kam mit der Reformation in Nürnberg. Die Klöster wurden aufgelöst: keine neuen Mönche und Nonnen, die alten durften ihren Lebensabend hier noch verbringen.

Den Todesstoß erhielt das Kloster aber 1552, als es im Zweiten Markgrafenkrieg zerstört wurde; damit endete auch die Blütezeit im Nürnberger Land.

☞ Viele Gebäude gehören noch zur Klosteranlage. Gleich anschließend das Richterhaus, die Klosterschenke und die Klostermühle. Gegenüber die Klosterkirche St. Johannes.

STEPHANUSKAPELLE /// AN DER KAPELLE 1 /// 91465 ERGERSHEIM ///
WWW.STEPHANUSKAPELLE.DE ///

WEITERE INFORMATIONEN ERHALTEN SIE BEI DER
GEMEINDE ERGERSHEIM /// NEUHERBERGER STRASSE 6 ///
91465 ERGERSHEIM /// 0 98 47 / 9 68 00 /// WWW.ERGERSHEIM.DE ///

DIE ÄLTESTE KIRCHE IM WEITEN UMKREIS

Ergersheim: Stephanuskapelle

18

Die Stephanuskapelle steht mitten im Ort und wirkt doch etwas verloren. Natürlich auch verschlossen. Nur im Sommer, einmal im Monat, wird noch Gottesdienst gefeiert. Gerade wurde sie renoviert. Zu recht. Es hat sich gelohnt.

Die Kapelle, dem Stephanus geweiht, ist mit ziemlicher Sicherheit die älteste gottesdienstliche Stätte im weiten Umkreis. Schon um das Jahr 750 existierte an dieser Stelle eine Kapelle.

Erst 1337 gründete man noch andere Gemeinden und baute ihnen daher auch Kirchen. Damit verlor die Stephanuskapelle ihre Bedeutung. Und selbst in Ergersheim hat man heute noch eine Pfarrkirche, die der Heiligen Ursula geweiht ist und die die Gemeinde für die Gottesdienste bevorzugt. Sie ist eine alte befestigte Wehrkirche und stammt aus dem Jahr 1400.

Der jetzige Bau der Kapelle ist geradezu jung. Die ersten Maßnahmen begannen wohl gegen 1400. Den Satteldachbau aus Mainsandstein errichteten die Baumeister wahrscheinlich 1437. Einige Jahre später, 1443, wurde der spätgotische Chor mit den Spitzbogenfenstern erstellt und 1508 schließlich der Turm mit dem Spitzhelm.

Nach der Reformation benötigte man die Kapelle nicht mehr, weshalb sie allmählich verfiel. Erst nach dem Zweiten Weltkrieg wurde sie so weit instandgesetzt, dass wieder Gottesdienste gefeiert werden konnten. Die Renovierungsarbeiten wurden jedoch nicht mit dem notwendigen Sachverstand durchgeführt, so dass der Bau noch weiteren Schaden erlitt. Darum kümmerte man sich ab 2007. Die schwache Fachwerkskonstruktion erhielt einen stabilen Rahmen. Die Statik des Turms wurde abgesichert, das Mauerwerk innen und außen wiederhergestellt. Schließlich wurden noch mächtige Zug-Anker gesetzt, um dem Bauwerk einen festen Halt zu geben. Es hat sich gelohnt. Atemberaubend schön sieht die Kapelle aus.

Im Ort steht die Pfarrkirche Sankt Ursula, eine befestigte Wehrkirche mit fünf Glocken. Sie werden in verschiedenen Kombinationen geläutet. Nur an hohen Festtagen läuten alle fünf gleichzeitig.

DER GROSSE BISCHOFSWEIHER LIEGT AM ORTSENDE VON 91650 DECHSENDORF AN DER ERH 31 RICHTUNG MÖHRENDORF.

FORSTHAUS DECHSENDORF /// NATURBADSTRASSE 99 /// 91056 ERLANGEN-DECHSENDORF /// 0 91 35 / 72 20 60 /// WWW.FORSTHAUS-DECHSENDORF.DE ///

KLEINE SEENLANDSCHAFT

Erlangen-Dechsendorf: Großer Bischofsweiher

19

Es ist erstaunlich, wie viele Menschen das gleiche Bedürfnis haben und die gleichen Entscheidungen treffen. Im Sommer, wenn es heiß ist, beschließen anscheinend alle in der Region, zum Dechsendorfer Weiher zu fahren, um sich abzukühlen. Dann muss man selbst den Aussichtspavillon am östlichen Ufer mit anderen teilen. Schönheit suchen eben viele.

In Wirklichkeit heißt der See »Bischofsweiher«, ist mit knapp vier Hektar Fläche der größte der rund 60 Dechsendorfer Weiher. Er wurde bereits ab den 1920er-Jahren als Erholungs- und Badegebiet erschlossen. Die 1930 gegründete Badegenossenschaft organisierte und überwachte den wachsenden Badebetrieb. Dass die Wasserqualität stark schwankt, liegt an der geringen Wassertiefe von allerhöchstens drei Metern. Da kann es schon passieren, dass wegen Blaualgen der Badebetrieb eingestellt werden muss. Bei schönem Wetter sind die Liegewiesen voller Menschen, auf dem Wasser vergnügen sich Surfer und Segler. Fast jeder Besucher grillt, Essensduft zieht über die Liegewiesen. Um den Weiher herum laden unzählige Biergärten zur Rast ein. Außerdem gibt es einen Elektro-, Ruder- und Tretbootverleih. Was es nur sehr eingeschränkt gibt, sind Parkplätze. Die Besucher versuchen sich mit allerhand abenteuerlichen Plätzen zu helfen. Sind diese zu rücksichtslos gewählt, teilt die Polizei »Knöllchen« aus.

Wie kann man den Weiher bestens genießen? Wer bereit ist, ein bisschen zu wandern, kann zum benachbarten Kleinen Bischofsweiher laufen, der seit den 1970er-Jahren als Vogelschutzgebiet ausgewiesen ist. Dort ist man mit den Vögeln fast alleine. Oder man wartet einen Tag mit schlechtem Wetter ab. Leichter Nieselregen ist vorzuziehen. Dann bleiben die Sonnenhungrigen zu Hause.

Im Forsthaus kann man den Dechsendorfer Weiher bestens genießen – im Biergarten und auf der Seeterrasse. Es gibt kulinarische Höhepunkte mit malerischen Sonnenuntergängen über dem See.

MAN FÄHRT VON BURGSALACH NACH ETTENSTADT. UNGEFÄHR AUF HALBER WEGSTRECKE KOMMT MAN NACH ROHRBACH. VOR ROHRBACH NACH RECHTS ZUM WALD ABBIEGEN.

WEITERE INFORMATIONEN ERHALTEN SIE BEI DER GEMEINDE ETTENSTATT /// ZEHENTGASSE 4 /// 91796 ETTENSTATT /// 0 91 48 / 9 08 98 10 /// WWW.ETTENSTATT.DE ///

WENN DIE NATUR DIE LANDSCHAFT FORMT

Ettenstatt-Rohrbach: Steinerne Rinne

20

Man solle die Steinere Rinne nicht zerstören. Sie sei ein Wunder der Natur. Mahnt ein Schild am Eingang zu einem hölzernen Weg, der genau an eben dieser Steinernen Rinne entlangführt. Wer kommt bitte auf die Idee, ein solches Wunderwerk der Natur zu zerstören?

Aber was ist das eigentlich? Schlichter Kalk spielt eine wichtige Rolle, der Prozess ist jedoch reichlich kompliziert und vor allen Dingen zeitraubend. Die Rinne entstand durch die Abscheidung von Kalk aus gemächlich fließenden Rinnsalen. Im Prinzip immer dann, wenn kalkreiches Wasser an einer Quelle austritt und an einem sanften Hang abfließt. Das Wasser scheidet einen Teil des gelösten Kohlendioxids aus, lagert es ab. Druckentlastung, Wassererwärmung und Kohlendioxidentzug durch Pflanzen sind für den Prozess verantwortlich. Algen spielen ebenfalls eine wichtige Rolle. Der Chemiker kann dies in Formeln gießen. Die Natur achtet darauf, dass sich der ausfallende Kalk am Rand des Rinnsals absetzt, wodurch die Ränder emporwachsen. Im kälteren Wasser in der Mitte geschieht entweder gar nichts oder der Verkalkungsprozess verläuft noch langsamer als an den Wänden. So bleibt die Rinne erhalten und wird ausdrucksstärker. Steinerne Rinnen können im Jahr um ein bis zwei Zentimeter wachsen, allerdings kann zum Beispiel herabfallendes Laub diesen Prozess unterbrechen. Es bedurfte deshalb menschlicher Pflege, um die eindrucksvollsten Steinernen Rinnen entstehen zu lassen – wie hier bei Ettenstatt.

Neben dem Einstieg zur Steinernen Rinne befinden sich ein Kinderspielplatz und eine Kneippanlage, wo sich Kinder und Abkühlung Suchende abreagieren können, ohne im Wasser der Steinernen Rinne zu waten. So mag man hoffen, dass das Warnschild beachtet wird und noch besser: gar nicht notwendig wäre.

Auf dem Weg nach Weißenburg kommt man an der Hohenzollernfestung Wülzburg vorbei. Ein Besuch ist zu empfehlen.

WALDSCHÄNKE BRÜCKKANAL /// AM BRÜCKKANAL 3 ///
90537 FEUCHT /// 0 91 28 / 43 26 /// WWW.BRUECKKANAL.COM ///

STAUNEN, ERHOLEN UND GENIESSEN

Feucht: Waldschänke Brückkanal

21

Der Brückkanal war schon immer ein Ziel der Nürnberg-Städter, wenn sie einen Spaziergang machen wollten. Heute erkennt man diese Beliebtheit an den vollgestellten Parkplätzen, die bei Weitem nicht ausreichen. Natürlich hat der Biergarten, sozusagen neben dem Brückkanal, eine besondere Anziehungskraft. Dort kann man im Schatten sein Bier trinken und einen Schweinsbraten verspeisen. Aber manche kommen auch nur wegen der Umgebung, wegen der Landschaft. Denn gar nicht weit entfernt ist die Schwarzachklamm, in der sich der kleine Bach Schwarzach ein tiefes Bett in felsiges Gestein gegraben hat.

Aber es gibt ein weiteres besonderes Bauwerk, das die Schaulustigen anzieht: Die gewaltige Brücke für den Ludwig-Donau-Main-Kanal, damit er die Schlucht der Schwarzach passieren kann. Es ist ein eindrucksvolles technisches Bauwerk: 90 Meter lang, 6,2 Meter breit, 17 Meter Bogenhöhe, erbaut in den Jahren 1839–41.

Bauherr war König Ludwig I. Seinen Architekten und Statikern muss man Lob zollen. Sie schufen ein technisches Meisterwerk, nicht nur für die damalige Zeit. In 100 Schleusen überwand der Ludwig-Donau-Main-Kanal einen Höhenunterschied von 80 Metern von der Donau hoch zum Scheitel des Fränkischen Jura und 183 Meter hinunter nach Bamberg. Der Alte Kanal zieht immer noch viele Menschen an. Vielleicht auch, weil sich die Natur einen Teil dieses menschlichen Werks leise und fast heimlich zurückerobert hat. Die Tore der Schleusen hat meistens der Zahn der Zeit zerstört, im Kanal wachsen Sumpfdotterblumen und Schlingpflanzen, das Wasser plätschert in kleinen Wasserfällen von einer Kanalstrecke zur anderen hinunter. Frösche hüpfen ins grün schimmernde Wasser. Das Bauwerk des 19. Jahrhunderts wurde im 20. zum Biotop und Kunstdenkmal, die Treidelwege zu Rad- und Wanderwegen.

Empfehlung: Eine Wanderung vom Brückkanal durch die Schwarzachklamm nach Schwarzenbruck und am Ludwigskanal zurück. Hier kann man viele Schleusen betrachten. Und dann Erholung im Biergarten.

DEUTSCHORDENSSCHLOSS VIRNSBERG /// SCHLOSSSTRASSE 1–2 ///
91604 FLACHSLANDEN-VIRNSBERG /// 0 98 29 / 8 88 ///
WWW.SCHLOSS-VIRNSBERG.DE ///

ZWISCHEN BURG, KIRCHE UND HEILIGEM GRAB

Flachslanden-Virnsberg: Deutschordensschloss 22

Das Deutschordensschloss thront eindrucksvoll auf einem Berghügel bei Virnsberg. Seine Besonderheit besteht darin, dass die Anlage in ihren Ursprüngen sowohl eine Höhen- als auch eine Wasserburg war. Der Name des Orts bedeutet »Burg und Dorf im Vircunnia«, wobei »Vircunnia« einst den Eichenwald bezeichnete. Das Dorf bekam den Namen jedoch erst 1806, als die Burg Virnsberg zu Bayern kam. Bis dahin hieß die Ansiedlung »Steinweg«.

Die ursprüngliche Burg ließen 1235 Ludwig und Alberich von Virnsberg erbauen. Später gehörte sie den Burggrafen von Nürnberg, die sie 1294 dem Deutschen Ritterorden vermachten. Sie fungierte dann als Komturei, eine Verwaltungsstelle des Ordens. Von 1806 bis 1815 befand sich die Anlage, nun als Schloss, in bayerischem Staatsbesitz und wurde danach zum Abriss verkauft. In der Folgezeit stand es leer, bis es in Privatbesitz kam. Man versuchte vielerlei Verwendungsmöglichkeiten vom Altenheim bis zum Reiterhof.

Seit 2001 kümmert sich ein Schlossverein um den Bau. Im Sommer finden jeden ersten und dritten Sonntag im Monat Führungen statt. Nur zu diesen Gelegenheiten ist eine Besichtigung möglich.

Beachtenswert ist ebenso die katholische Pfarrkirche St. Dionysius (1915). Der damalige Schlossherr wurde zum Bau der Kirche verurteilt, da er ansonsten die Nutzung der Schlosskapelle hätte weiter dulden müssen.

Virnsberg besitzt sogar seit dem 18. Jahrhundert einen Nachbau des Heiligen Grabes von Jerusalem, das bis in die 1960er-Jahre regelmäßig in der Karwoche vor dem Hochaltar aufgebaut wurde. Als keine Verwendung mehr dafür bestand, kam es zur Lagerung auf den Dachboden der Pfarrkirche. Ein Pfarrer entdeckte es, erkannte seine kunst- und kirchengeschichtliche Bedeutung und veranlasste eine Restaurierung (1992/93).

Gegenüber der Kirche hat man für das Heilige Grab ein Museum gebaut, um das Denkmal gut zu schützen und es der Allgemeinheit zugänglich zu machen. Ein Besuch lohnt sich.

SKULPTURENGALERIE »INTO AFRICA« /// WERNSBACH 16 ///
91166 GEORGENSGMÜND-WERNSBACH /// 0 91 72 / 63 89 20 ///
WWW.INTOAFRICA.DE ///

LANDGASTHOF WERNSBACH /// WERNSBACH 5 ///
91166 GEORGENSGMÜND-WERNSBACH /// 0 91 72 / 66 33 08 ///
WWW.LANDGASTHOF-WERNSBACH.DE ///

Die 120 Einwohner von Wernsbach gehören zu Neuendettelsau. Auch Fritz Meyer, der hinter dem Projekt »Into Africa« steht. Er war bis zum Jahr 2000 Reiseveranstalter für das südliche und östliche Afrika mit Schwerpunkt Zimbabwe. Die politische Entwicklung führte dazu, dass kaum mehr jemand nach Zimbabwe fahren wollte, jedoch einige afrikanische Bildhauer Interesse an Europa entdeckten. Auf diese Weise fand der Stil der Shona Art mit einer Skulpturengalerie eine Heimat in Wernsbach.

1988 beantwortete der Londoner Sunday Telegraph die Frage, wer nach dem Tode von Henry Moore der größte Bildhauer der Welt sei, wie folgt: Es kämen drei Künstler infrage, Sylvester Mubayi, Joseph Ndandarika und Nicholas Mukomberanwa. Alle drei kamen aus Zimbabwe. Ihr Stil ist bekannt unter der Bezeichnung Shona Art. Sie stellen aus im Museum of Modern Art in New York, im Museé Rodin in Paris, im Völkerkunde Museum in Frankfurt und in Wernsbach.

Die Skulpturen sieht man bereits von der Bundesstraße aus. Von dort fährt man hinunter zum Weiler von Fritz Meyer, wo die Skulpturen sich in ihrer beeindruckenden Schönheit zeigen. Weitere Exponate befinden sich im Ausstellungsraum sowie in der Scheune. Einen besonders reizvollen Anblick bildet die Afrikanische Kunst hinter dem Bauernhof am See.

Fritz Meyers Galerietätigkeit begann im Jahr 1998 mit einer Einladung an Bernard Matemera, einem Bildhauer aus Zimbabwe. Er war für einen Workshop nach Nürnberg gereist. Seitdem kommen regelmäßig Künstler aus Zimbabwe nach Wernsdorf, stellen aus und geben Workshops.

Alljährlicher Höhepunkt ist das Festival »Zimbabwe Meets Wernsbach«, die sogenannte »Afrikanische Kirchweih«, ein buntes Fest mit Ausstellungen, Live-Konzerten hochkarätiger Musiker und einer interessanten Workshop-Reihe.

☞ Wer Hunger hat, kann im Landgasthof Wernsbach einkehren. Seit 1999 gibt es hier fränkische Spezialitäten. Das Haupthaus wurde übrigens 1816 errichtet und wird seitdem als Gasthof genutzt.

FÄRBERTURM GUNZENHAUSEN /// WEISSENBURGER STRASSE /// 91710 GUNZENHAUSEN ///

WEITERE INFORMATION ERHALTEN SIE BEI DER TOURIST-INFORMATION GUNZENHAUSEN /// RATHAUSSTRASSE 12 /// 91710 GUNZENHAUSEN /// 0 98 31 / 50 83 00 /// WWW.GUNZENHAUSEN.INFO ///

EIN BLICK ÜBER DIE GANZE STADT

Gunzenhausen: Färberturm

24

Der stattliche Färberturm aus dem 14. Jahrhundert dominiert das Stadtbild. Er war Teil der historischen Stadtmauer, von der man einen Teil mit Wehrgang gleich neben dem Rundturm sehen kann. Viel mehr ist von der Stadtmauer allerdings nicht übrig geblieben. Der Turm diente ursprünglich nicht nur der Verteidigung, sondern auch als Pulverdepot und Gefängnis. So nannte man ihn nach seiner Funktion Pulverturm und Diebsturm. Sein jetziger Name stammt von einer Färberei, die sich am Fuße des Turmes befand. Besser nennt man ihn heute Aussichtsturm, denn man kann ihn ersteigen und hat von oben einen wunderbaren Blick über die Stadt und sieht auch große Teile des Seengebiets.

Gleich daneben steht die mächtige Kirche St. Marien. Auf sie hat man vom Färberturm aus einen schönen Blick auf Augenhöhe. An dieser Stelle kann man einen weiteren Schritt in die Vergangenheit machen, denn auf dem Kirchengelände befand sich einst ein römisches Numeruskastell, also ein befestigtes Fort für eine römische Hilfstruppe. 1496 wurden ein Kloster und die mächtige spätgotische Kirche erbaut. Sie ist auch eine Pilgerkirche, weil durch Gunzenhausen ein Teilstück des Jakobsweges führt. Im Inneren findet man einen schönen Hochaltar, eine mächtige Orgel und den Kreuzaltar mit einem Kruzifix von Volpini. Der italienische Bildhauer Volpini avancierte am Hof des Markgrafen Wilhelm Friedrich zum Hofbildhauer. Um 1706 arbeitete er an der Barockisierung der Pfarrkirche. Taufstein, Kanzel und Orgelgehäuse gestaltete er ebenfalls neu.

Außerhalb der Stadtmauer-Reste erinnert die Bronzeskulptur »Mensch und Schwein« des Nürnberger Künstlers Christian Rösner (1997) daran, dass an diesem Platz einst das Marktleben stattfand. Neben Gemüse- und Obstverkauf gab es auch Tiermärkte, insbesondere den Saumarkt.

☞ Der Färberturm ist ein guter Ausgangspunkt für einen Spaziergang durch die Stadt. Geradeaus kommt man zum Marktplatz mit Rathaus, Restaurants und Läden.

KZ-GEDENKSTÄTTE HAPPURG /// SÜDRING /// 91230 HAPPURG ///

WEITERE INFORMATIONEN ERHALTEN SIE BEI DER
KZ-GEDENKSTÄTTE FLOSSENBÜRG /// GEDÄCHTNISALLEE 5 ///
92696 FLOSSENBÜRG /// 0 96 03 / 90 39 00 ///
WWW.GEDENKSTAETTE-FLOSSENBUERG.DE ///

EIN DENKMAL FÜR DIE LEIDENDEN

Happurg: KZ-Gedenkstätte

25

Es hat fast ein Menschenleben lang gedauert, bis die Opfer des Konzentrationslagers (KZ) Berg Houbirg ein Denkmal erhielten. 2016 war es endlich so weit. Rückblick: Gegen 1944 entschieden die Strategen der Nazi-Führung, die Rüstungsindustrie zum Schutz vor Luftangriffen unter Tage zu verlegen. In Happurg gruben daher KZ-Häftlinge ein Stollensystem in den Doggersandstein des Berges Houbirg. 200.000 Quadratmeter sollte nach den Planungen die Fläche umfassen, um BMW-Flugzeugmotoren herzustellen. Dafür waren 2.500 KZ-Häftlinge pro Schicht im Einsatz. Viele von ihnen starben an Erschöpfung durch die harte Arbeit, viele andere wurden hingerichtet. Das Bauprojekt wurde nicht vollendet.

Gründe für dieses Denkmal gibt es genügend. In welcher künstlerischen Form sich das Gedenken präsentiert, darüber lässt sich diskutieren. Nun hat man am Berghang eine kleine Plattform errichtet, auf welcher Stelen mit Zitaten von Zeitzeugen in die Höhe ragen. Ein Pressluft-Bohrhammer in einer Vitrine bildet etwa den Mittelpunkt.

Der unvoreingenommene Betrachter mag etwas über den spröden Charakter überrascht sein. Ja, warum nicht spröde? Warmherzig wäre zu viel verlangt. Vom Denkmal aus geht der Blick in die Siedlung »An der Hunnenschlucht«, wie der Straßenname lautet. Fast ein bisschen unpassend. In der Siedlung stehen kostbare Villen mit einem guten Panoramablick auf das Denkmal. In Blicknähe ist ein weiteres Denkmal den Helden des Ersten und Zweiten Weltkriegs gewidmet. Groß, mächtig, imposanter als das spröde KZ-Opfer-Denkmälchen. Vielleicht gut, dass die Denkmäler von Tätern (nicht alle Helden waren Täter) und Opfern (nicht alle Opfer waren unschuldig) so nahe beisammenstehen. Man wird zum Nachdenken aufgefordert. Ob das die Planer und Schöpfer des KZ-Mahnmals im Sinne hatten?

Besteht ausreichend Zeit, bietet sich ein Spaziergang durch die angrenzende Siedlung (An der Hunnenschlucht) an. Es gibt hier einige architektonisch bemerkenswerte Häuser.

TUCHERSCHLOSS /// HAUPTSTRASSE 9 /// 91230 HAPPURG ///

WEITERE INFORMATIONEN ERTEILT DIE GEMEINDE HAPPURG ///
HERSBRUCKER STRASSE 6 /// 91230 HAPPURG /// 0 91 51 / 8 38 30 ///
WWW.HAPPURG.DE ///

EIN KLEINOD IN DER ZWEITEN REIHE

Happurg: Tucherschloss

26

Fast übersieht man das Tucherschloss, das in der Hauptstraße Nummer 9 zu finden sein soll. Dort ist es auch, aber nicht an der Straße, sondern dahinter in der zweiten Reihe. Dann erkennt aber jeder schnell, dass es das schönste Haus der Straße ist.

Hier kaufte gegen 1700 der Pfleger des reichsstädtischen Amtes Reicheneck, Johann Gottlieb Tucher, das sogenannte Weihergut. Wahrscheinlich war es nicht attraktiv genug, denn er ließ es bald abbrechen und erbaute ein Jahr später ein zweigeschossiges Herrenhaus mit einem stattlichen Satteldach.

Solche Häuser haben ihre Geschichte. Der Eigentümer bewohnte es kaum. Als Mitglied der Familie Tucher hatte er zahlreiche Verpflichtungen, die er besser von Nürnberg aus wahrnehmen konnte. Das Haus diente ihm wohl eher als Geldanlage. Häuser und auch Burgen galten schon damals als sichere und nachhaltige Investition. Er vermietete das Herrenhaus, teilweise auch nur einzelne Zimmer. Doch nicht immer erfolgreich. Ein Mieter wurde wegen Diebstahl verklagt, vielleicht ein antiker Mietnomade.

Die Eigentümer wechselten durch Erbschaften innerhalb der Tucher-Dynastie, sie sorgten sich jedoch wenig um die Erhaltung der Bausubstanz. Schließlich verkaufte eine Erbengemeinschaft das Haus im Jahr 1811 an eine Familie Fuchs, die es weiter vererbte. Das Schloss ist heute noch im Privatbesitz, deshalb nicht zu besichtigen. Dem Eigentümer ist die gründliche Renovierung zu verdanken, die sogar einen Preis erhielt.

Der alte Putz wurde frei gelegt und weitgehend erhalten. Die Fenster und Fensterläden entsprechen den originalen Vorbildern. Gut, dass die Zufahrt so breit ist; gut, dass das Haus so weit von der Hauptstraße entfernt liegt, so hat der Betrachter einen wunderbaren Blick und kann in Ruhe die Schönheit des Baus genießen.

Rund um den Happurger Stausee führt der Happurger Geschichtsweg. Er ist vier Kilometer lang. Auf seinen Spuren lässt sich viel über die bewegende Geschichte auch während des Dritten Reiches erfahren.

BURG HARTENSTEIN /// BURG 1 /// 91235 HARTENSTEIN ///
0 91 52 / 92 16 78 /// WWW.RESTAURANT-TOUCHE.DE ///

ARGENTINISCHE STEAKS IN FRANKEN

Hartenstein: Burg

27

Burg Hartenstein dominiert majestätisch auf einem Felsen über dem Ort. Die Straße hoch zu ihr ist reichlich steil. Sie stammt voraussichtlich aus dem 13. Jahrhundert, 1268 taucht sie zumindest erstmals urkundlich auf. Besitzer war ein »Rupertus miles dictus de Hertenstein«. Von ihm wissen wir jedoch nicht viel. 1324/25 wurde der Besitz an die Verwandtschaft von Reicheneck abgegeben und kurz darauf sogar an den König, Ludwig den Bayer, weitergereicht. Die Wittelsbacher zählten ebenfalls zu den Eigentümern. Die Burgherren wechselten in schneller Reihenfolge, deshalb gab es größere bauliche Veränderung anscheinend erst nach 1503. Damals hatte die Burganlage noch viel größere Ausmaße.

Bis 2001 war die Burg im Privatbesitz einer Familie Haunhorst. 2002 übernahm die Gemeinde Hartenstein und gründete die Burg Hartenstein AG. Daraus entstand die Hartensteiner Kommunal GmbH. Doch nun war es notwendig, ein nachhaltiges Nutzungskonzept für die Burg zu erstellen. Darum kümmerte sich der Verein Freundeskreis Burg Hartenstein. Er richtete zuerst ein kleines Ritter-Museum ein, das an den Wochenenden geöffnet ist. Seit 2010 beherbergt die Burg ein argentinisches Steaklokal. Da fällt die Verbindung zum Rittertum vielleicht etwas schwer. Doch der Wirt hat gute Kritiken bekommen und bietet unter anderem Hochzeiten im ritterlichen Ambiente an. Sehr schön ist auch der Biergarten, von dem man bei klarem Wetter eine Fernsicht bis nach Nürnberg genießen kann. Beliebt sind ebenso die Brunch-Events.

Um Besucher anzulocken, gibt es verschiedene Aktionen auf der Burg, wie beispielsweise den Weihnachtsmarkt im Advent. Ob dies alles ausreichend ist, um die wunderbare Burg zu beleben, muss sich zeigen. Aber schön, dass um ihren Erhalt gekämpft wird. Wir wünschen viel Erfolg.

Die Petershöhle befindet sich am Nordosthang des Kreitsberges, etwa einen Kilometer nördlich von Hartenstein. Sie ist kulturgeschichtlich wahrscheinlich die interessanteste Höhle der Fränkischen Alb.

DER KREISVERKEHR IST DIE SCHNITTSTELLE ZWISCHEN HAUPTSTRASSE, SELINGSTÄDTER STRASSE, BAHNHOFSTRASSE UND LAFFENAUER STRASSE. DIE VOGEL-STRAUSS-SKULPTUR BEFINDET SICH AM BEGINN DER HAUPTSTRASSE.

WEITERE INFORMATIONEN ERHALTEN SIE BEI DER STADT HEIDECK /// MARKTPLATZ 24 /// 91180 HEIDECK /// 0 91 77 / 4 94 00 /// WWW.HEIDECK.DE ///

EIN LAUFVOGEL SUCHT DIE WEITE

Heideck: Vogel-Strauß-Skulptur

28

Nun ja, es kann sein, dass nicht alle verstehen, warum die Heidecker auf dem Kreisverkehr vor der Altstadt eine Vogel-Strauß-Skulptur aufgestellt haben, welche die Künstlerin Sabine Mädl 2015 schuf. Doch die Begründung ist recht logisch. In der Helmzier der Herren von Heideck fand sich ein eisenfressender Kopf eines solchen Tieres abgebildet. Welche Beziehung die Heidecks zu ihm hatten, ist nicht geklärt. Möglicherweise steht der Vogel Strauß für Bodenständigkeit, Wachsamkeit, Schnelligkeit, Balance und Kampfkraft. Er tritt durch Kreise und offene Kreisbögen, wie dies eben auch auf einen Kreisverkehr zutrifft. Dies sei »eine Geste der Expansion – aus der Enge in die Weite. So, wie Heideck aus einer dicht von einer Mauer umschlossenen zu einer weltoffenen, expandierenden Stadt wurde«, wie auf der städtischen Homepage zu lesen ist. Nun könnte man bei einem solchen Symbol auch auf den Gedanken kommen, dass die Heidecker schnell ihren Kopf in den Sandboden stecken. Aber das ist völlig verkehrt.

Die Herren von Heideck mit dem Strauß sind 1192 erstmals als Burgherren beschrieben. 1278 ließen sie auf dem Schlossberg eine mächtige Burg erbauen. Von ihr ist kein Stück vom Mauerwerk übrig geblieben. Unten im Tal entstand die neue Stadt Heideck. Im 16. Jahrhundert wurde sie zeitweilig von Nürnberg verwaltet und ab 1806 wurde man bayerisch. Die Religion orientierte sich damals am Herrscher. In der Nürnberger Zeit war die Stadt evangelisch. Mit anderen Herren erfolgte die Rekatholisierung, so dass auch heute noch an die 70 Prozent der Bevölkerung katholisch sind. Heideck war früh Stadt geworden, hatte eine Vielzahl von Sonderrechten und verfügte über eine eigene Gerichtsbarkeit. Das führte zu Wohlstand und Selbstbewusstsein der Bürger. Das kann man noch gut in der Altstadt sehen und erleben.

☞ Unbedingt einen Rundgang durch die Altstadt unternehmen. Besonders sehenswert sind das Rathaus und dahinter die Kirche sowie die vielen Bürgerhäuser.

SCHLOSS HENFENFELD /// AM SCHLOSS 12 /// 91239 HENFENFELD ///
0 91 51 / 9 08 78 38 /// WWW.SCHLOSS-HENFENFELD.DE ///

WEITERE INFORMATIONEN ERHALTEN SIE BEIM
NÜRNBERGER LAND TOURISMUS /// DIENSTSTELLE HERSBRUCK ///
AMBERGER STRASSE 54 /// 91217 HERSBRUCK ///
0 91 23 / 9 50 60 62 /// WWW.HERSBRUCK.DE ///

KLASSISCHE MUSIK IN ALTEN MAUERN

Henfenfeld: Schloss

29

Das Schloss bringt in Henfenfeld Spannung in die Optik des Betrachters. Der Name leitet sich wohl von Hamfenfeld ab: Demnach befanden sich hier Cannabis-Plantagen. Eine erste Siedlung soll schon im 7. Jahrhundert entstanden sein, urkundlich bestätigt ist das Jahr 1059.

Um 1200 soll eine Burg errichtet worden sein. Burganlagen entsprachen zu jener Zeit einer Art Wertanlage, deshalb wechselten die Eigentümer schnell. Erwähnenswert ist 1530 die Übernahme durch Martin Pfinzing, Spross einer der ältesten Patrizierfamilien der Reichsstadt Nürnberg. Einige Jahre später wurde die Familie in den Adelsstand erhoben. Ab diesem Zeitpunkt nannten sie sich Pfinzing von Henfenfeld. Sie herrschten bis 1764. Dann erlosch ihre Dynastie. Das Schloss ging auf in der Familienstiftung »Haller von Hallerstein«. Im 20. Jahrhundert sind die Versuche der Vitalisierung des Schlosses vielfältig: Haushaltungsschule, Schulungsstätte des NS-Lehrerbundes, Bundesbahnschule, Übergangslager für Spätaussiedler, schließlich Bürogebäude.

2005 zog die internationale Opernakademie ein unter der Leitung von Denette Whitter, der seit 2012 das Schloss gehört. Seit dieser Zeit spielt die Musik in den historischen Räumlichkeiten. Die Opernakademie wird finanziert und unterstützt von der Stiftung »Kunst, Kultur, Denkmal«. Die Akademie hat sich die umfassende und individuelle Förderung des Sängernachwuchses zur Aufgabe gemacht, also der klassischen Sänger und besonders Begabten.

Im Schloss gibt es einen internationalen Kultur- und Künstleraustausch sowie Meisterkurse. In den alten Mauern finden zahlreiche Konzerte statt, ein Genuss für die Liebhaber klassischer Musik. Schloss Henfenfeld besitzt einen guten Klang in Kunstkreisen.

Merken sollte man sich im April den Mittelaltermarkt und am 27. August die Geburtstagsfeierlichkeiten der Schlossherrin und gleichzeitig Tag der offenen Tür.

GÄNSTURM /// EISENHÜTTLEIN 15 /// 91217 HERSBRUCK ///

WEITERE INFORMATIONEN ERHALTEN SIE BEI DER
TOURIST-INFORMATION HERSBRUCK /// UNTERER MARKT 2 ///
91217 HERSBRUCK /// 0 91 51 / 73 54 01 ///

WASSERVERSORGUNG VON OBEN

Hersbruck: Gänsturm

30

Der Gänsturm ist das Hauptquartier der Hersbrucker Altstadtfreunde. Als sie sich im Oktober 1982 konstituierten, drohte dem damals maroden Turm der Abriss. Da die Denkmalschützer ihn bewahren wollten, übernahmen sie den Gänsturm oder Schwalbenturm, wie er im Hersbrucker Volksmund auch genannt wird, für eine Zeit von 25 Jahren – eine Generation lang. Diese Verpflichtung bedeutete nicht nur eine ideelle Bindung, sondern auch die Bereitschaft zum materiellen Erhalt. Aus diesem Grund sammelten sie Geld und legten auch selbst Hand an. Dabei stellten sie fest, dass sie sich ein bisschen viel zugemutet hatten. Den langfristigen Erhalt des Gebäudes konnten sie nur mit einer Finanzspritze der Stadt Hersbruck ermöglichen. Mit diesem großen Einsatz retteten die Altstadtfreunde zusammen mit dem Stadtrat den historisch wertvollen Turm für das Stadtbild. Heute kann er an besonderen Festtagen bestiegen werden.

Er ist im 15. Jahrhundert als Rundturm errichtet worden und diente der städtischen Wasserversorgung. Hier wurde von 1537 bis 1895 das Quellwasser vom Steinberg gespeichert, welches über Holzröhren zum Turm floss. Von dort aus verteilte sich das Wasser auf die sechs Innenstadtbrunnen. 1801 veränderte man den Turm komplett, trug ihn bis auf eine Höhe von fünf Metern ab, verwandelte ihn in einen quadratischen Bau und setzte eine Wohnung im Fachwerkbau obendrauf. Heute dient sie nicht mehr als Wohnung, sondern als Büro der Altstadtfreunde. Vom Dachboden aus kann der Blick über die Dächer der Stadt schweifen.

Der Gänsturm steht neben der ehemaligen Stadtmauer. Im Hof der angrenzenden Schlosserei ist noch eine der einst sieben Rund-Basteien erhalten.

Auf den einstigen Wasserturm sind die Hersbrucker recht stolz, denn hier zeigt sich ihr Beitrag zum Erhalt der Altstadt.

Hersbruck hat eine geschlossene historische Altstadt. Der alte Handelsweg, die Prager Straße, führt durch die Stadt. An ihr liegen viele schöne Bürgerhäuser sowie kleine Restaurants zum Pausieren.

SCHLOSS HERSBRUCK /// SCHLOSSPLATZ 1 /// 91217 HERSBRUCK ///

AM URSPRUNG DER STADT

Hersbruck: Schloss

31

Dort, wo heute Hersbruck liegt, stand schon vor dem Jahr 1000 eine Burg mit Turm und Kemenate (also ein Kaminraum). Zu der Burg gehörte ein Wirtschaftshof, der eine ähnliche Funktion wie heute das Finanzamt innehatte. Darum herum entwickelte sich allmählich die Stadt und anstelle der Burg entstand ein Schloss.

Als die Nürnberger die Herrschaft übernommen hatten, rissen sie 1504 die Burg ein und verwendeten die Steine zur Ausmauerung des Grabens. Für den Pfleger, ein Verwalter der Stadt Nürnberg, erbauten sie zunächst ein einfaches Schloss. Das war aber nicht mehr als ein steinernes Haus, zweigeschossig, mit Walmdach. Ein Verwalter der Nürnberger in der Provinz brauchte jedoch ein würdiges Domizil. Das schlichte Haus war auf die Dauer nicht ausreichend, insbesondere als der Kaiser mit Gefolge Hersbruck besuchte und beherbergt werden wollte. Aus diesem Grund erhielt der Bau von 1616 bis 1622 Seitenflügel und zwei achteckige Türme. Man hätte sicherlich noch weiter gebaut, wäre den Nürnbergern nicht das Geld ausgegangen. Trotzdem sah das Schloss schon so eindrucksvoll aus, dass sich später die Nürnberger damit brüsteten: In Hersbruck befinde sich das bemerkenswerteste Pflegschloss der Renaissancezeit, welches die Nürnberger erbauten.

Es bot sich an, das Schloss-Gebäude weiterhin für die Verwaltung zu nutzen. Das Amtsgericht des Landkreises Nürnberger Land zog dort ein. Somit gehört es zu den wenigen, die an einem solch wunderschönen Ort untergebracht sind. Die Angeklagten werden sich daran nicht sonderlich laben, aber vielleicht die Richter, Schöffen, Beamten, Angestellten, Boten und Putzmänner. Nur der Graben lässt noch erkennen, dass die Burg früher einmal der Verteidigung diente. Im Amtsgericht wird heute noch der Staat verteidigt.

Am Schlossplatz (4a) befindet sich noch das Kastenamt; Wohn- und Amtsgebäude des Kastners (Nürnberger Patrizier). Der Ostteil stammt noch von 1747. Der Westteil wurde 1982 neu errichtet.

ALTES RATHAUS /// HAUPTSTRASSE 5 /// 91315 HÖCHSTADT AN DER AISCH /// WWW.STORCHENNEST-HOECHSTADT.DE ///

WEITERE INFORMATIONEN ERHALTEN SIE BEI DER TOURIST-INFORMATION HÖCHSTADT /// MARKTPLATZ 5 /// 91315 HÖCHSTADT AN DER AISCH /// 0 91 93 / 62 60 /// WWW.HOECHSTADT.DE ///

WENN DIE STÖRCHE MITEINANDER SCHNÄBELN

Höchstadt: Altes Rathaus

32

Im Alten Rathaus, ein richtig schöner zweigeschossiger Bau, ist das Heimatmuseum von Höchstadt untergebracht. Der freistehende Quader-Bau aus dem Jahr 1878 besitzt ein Walmdach sowie einen halb vorgezogenen Fassadenturm. Da der Rat der Stadt irgendwann nicht mehr darin regieren wollte, ließ er das Neue Rathaus, das auch schon wieder alt ist, am Marktplatz erbauen.

In das Alte Rathaus zog dann das Heimatmuseum ein, in dem die über 1.000-jährige Vergangenheit Höchstadts präsentiert wird. Es ist an jedem zweiten Sonntag im Monat von 14 bis 16 Uhr geöffnet.

Das Heimatmuseum ist jedoch nicht das Ungewöhnliche an diesem Ort, sondern die Weißstörche, die seit vielen Jahren auf dem Turm leben. Daher trägt das Rathaus den Ehrentitel »Storchenrathaus«. Das Storchenpaar lebt öffentlich. Eine Webcam schaut Tag und Nacht in das Storchennest hinein und lässt alle Voyeure am Storchenleben teilhaben. Nichts bleibt unbeobachtet. Im Internet kann jeder genüsslich zusehen, wenn die beiden miteinander schmusen.

Die Höchstadter Brutstörche auf dem Alten Rathaus sind sogenannte Winterstörche. Das bedeutet, dass sie nicht gen Süden fliegen, sondern (nicht nur) in Mittelfranken überwintern. Sie ernähren sich sowohl von lebenden als auch von toten Beutetieren. Früher fanden die Störche in den Wintermonaten nicht ausreichend Nahrung und konnten damit nicht genügend Energiereserven speichern. Das führte dazu, dass ihnen die harten klimatischen Verhältnisse zum Verhängnis wurden und sie den Hungertod starben. Mittlerweile sind die Winter milder geworden. Und wenn das Nahrungsangebot knapp wir, füttern die Menschen hinzu. Dadurch können die Höchstadter Störche weiterhin auf ihrem Turm residieren.

Es sind nur ein paar Schritte zum Marktplatz, dem Mittelpunkt des Ortes, mit dem Neuen Rathaus. Hier gibt es auch den Gemüsemarkt, den Ostermarkt und den Weihnachtsmarkt.

DIE KIRCHE SANKT MARTIN LIEGT AN DER LANDKREIS-STRASSE ERH27.

KIRCHE SANKT MARTIN /// 91315 HÖCHSTADT-AILERSBACH ///

IM AISCHGRUND ZUHAUSE

Höchstadt-Ailersbach: Kirche St. Martin

33

Im kleinen Ort Ailersbach, in der dünn besiedelten mittelfränkischen Provinz fällt besonders die trutzige und recht große Kirche auf. Sie thront mitten im Dorf auf einem kleinen Hügel. Eine mannshohe Mauer schließt sie ein. St. Martin heißt die spätgotische Kirche, deren Chorturm von einer barocken Haube gekrönt ist. Im Inneren findet man einen eher neugotischen Altar mit drei spätgotischen Heiligen: Martin, Barbara und Stephanus. Die Deckenbilder stammen aus dem Jahr 1921 und zeigen den Kirchenpatron und die vier Evangelisten.

Martinskirchen gibt es im Aischgrund häufig, anscheinend eine Modeerscheinung im 8. bis 10. Jahrhundert. Im Jahr 1405 wird der Ort an den Bamberger Bischof verkauft, doch erst im Jahr 1584 erhält Ailersbach eine eigene Dorfordnung. Über viele Jahre hinweg gehört der Ort mit Kirche zu den Besitztümern diverser Nürnberger Patrizier.

Die Besitzer von Ailersbach und die Kirchenhoheit wechselten im Laufe der Geschichte häufig, da hatten die Dörfler kein Mitspracherecht. Glücklicherweise waren sie nicht so bedeutend, dass die Mächtigen um sie kämpften. Auf diese Weise behielten sie ihre Ruhe. Für die Bauern hingegen war ihre Kirche immer wichtig. Auch wenn kein Pfarrer verfügbar war, trafen sie sich dort regelmäßig zum Gebet.

Seit 2007 gibt es einen Freundeskreis, der sich um die Kirche kümmert, die Außenanlagen pflegt und auch die eine oder andere Renovierung vornimmt.

Das kleine Gotteshaus ist für die Ailersbacher geistliches Zentrum sowie nach außen eine (katholische) feste Burg. Wenn man in der Kirchenbank sitzt, kann man seine Gedanken wandern lassen, Jahrhunderte zurück.

Im Sommer finden 14-tägig Messen statt – am Donnerstag.

☞ Ailersbach ist Karpfenland. Die Landschaft ist durchzogen von Karpfenweihern. Man kann wunderschöne Spaziergänge unternehmen.

PFARRKIRCHE SANKT BARTHOLOMÄUS /// URFERSHEIM 27 /// 91471 ILLESHEIM-URFERSHEIM ///

GASTHAUS DIETZ /// WESTHEIMER STRASSE 2 /// 91471 ILLESHEIM /// 0 98 41 / 88 88 ///

GERADE NOCH GERETTET

Illesheim-Urfersheim: Pfarrkirche Sankt Bartholomäus 34

Urfersheim bedeutet Heimstatt des Urbir, Auerbert oder Urbert. Seit 650 ist eine Ansiedlung an dieser Stelle bekannt. Doch erst aus dem 12./13. Jh. stammt die Kirche St. Bartholomäus, die als Chorturmanlage errichtet wurde. An diesem hübschen Flecken lebten einst Kelten, seit der Völkerwanderung Germanen aus dem Elbland. Aus der Mischung von Kelten und Germanen sowie einer dünnen fränkischen Oberschicht formierten sich die Ostfranken. Die erste urkundliche Dokumentation stammt aus dem Jahr 779 oder kurz darauf.

Als wichtigstes Ereignis in Urfersheim gilt sicherlich die Reichsfreiheit, die dem Ort 1200 zuteilwurde. Das war aber nur ein Akt der Vermögensanlage. Denn den Ort konnte man nun leichter verkaufen oder zumindest verpfänden, wenn der König Geld benötigte. So kam Urfersheim in den Besitz der Reichsstadt Rothenburg. In dieser Zeit entstand die Kirche St. Bartholomäus. Um 1710 wurde das Innere der Kirche im Markgrafenstil umgestaltet. Besonders einschneidend erwiesen sich der Einbau eines Holztonnengewölbes über dem Langhaus sowie die Erhöhung des Satteldaches. Die Kanzel stammt aus dem Jahr 1629 und war ursprünglich wohl seitlich angebracht.

In der St. Bartholomäus Kirche von Urfersheim entstanden jedoch durch die Baumaßnahmen erhebliche statische Schäden: Die Außenwände des Kirchenschiffs hatten sich verformt und Risse gebildet. Ähnliche Schäden zeigten sich am Tonnengewölbe. Die Kirche war sogar einsturzgefährdet, weshalb in den vergangenen Jahren kräftig saniert wurde.

Mit Erfolg. Das Kirchlein gilt mittlerweile als Schmuckstück des gesamten Ortes. Schade, dass es meistens verschlossen ist. Im Pfarrgarten, etwa 40 Meter östlich der Kirche, befinden sich noch Überreste einer mittelalterlichen Turmhügelburg. Ein kleiner Hügel weist darauf hin.

Wenn die Bürger ausgehen wollen, gehen sie ins Gasthaus Dietz in Illesheim. Unter dem großen Walnussbaum auf dem Hof kann man bei einem kühlen Bier entspannen. Fränkische Küche.

HALLER-SCHLOSS KALCHREUTH /// SCHLOSSPLATZ 4 ///
90562 KALCHREUTH ///

LANDGASTHOF SUSSNER /// ERLANGER STRASSE 1 ///
90562 KALCHREUTH /// 09 11 / 5 18 08 68 ///
WWW.LANDGASTHOF-SUSSNER-KALCHREUTH.DE ///

SCHON ALBRECHT DÜRER MALTE »KALKREUT«

Kalchreuth: Haller-Schloss

35

In Kalchreuth weiß man, was gut schmeckt. Da gibt es die berühmten Kalchreuther Kirschen und zur Kirsch-Kärwa geht es hoch her. Der »Kalchreuther Bäcker« ist geradezu eine unternehmerische Erfolgsgeschichte. 1696 wurde die Bäckerei in Kalchreuth gegründet. Seit über 50 Jahren ist sie im Besitz der Familie Wiehgärtner, die mehrere Filialen im Erlanger Oberland sowie im Großraum Nürnberg-Fürth-Erlangen betreibt. In der Backstube wird nach wie vor traditionelles Handwerk ganz großgeschrieben.

Der ursprüngliche Name »Kalkreut« kommt von der Rodung des Kalkbodens, die dazu verhalf, dass der Ort an dieser Stelle überhaupt entstehen konnte. 1298 wurde Kalchreuth erstmalig erwähnt als ein der Nürnberger Burghut unterstelltes kaiserliches Eigentum. Bald erbaute man ein Schloss mit Graben (1313), das im Jahr 1342 der Nürnberger Ratsherr Ulrich Haller kaufte. Deshalb spricht man vom Haller-Schloss. Übrigens malte Albrecht Dürer um 1507 von einem Dachfenster des Schlosses aus seine bekannten Aquarelle von »Kalkreut«, die leider nicht hier, sondern in Berlin ausgestellt sind.

Das heutige Schloss wurde 1560 von den Hallern auf den Grundmauern des Wasserschlosses errichtet. 1850 kam es in bürgerlichen Besitz. 1907 kaufte Wilhelm Schenk aus Nürnberg das Anwesen, richtete Sommerwohnungen ein und eröffnete eine Schankwirtschaft. Die wurde 1968 restauriert und modernisiert, so dass man recht gut sitzen und sich an fränkischer Küche laben konnte. 2015 wurde das Restaurant leider geschlossen. Nur ein paar Schritte weiter, wo die Erlanger in die Heroldsberger Straße übergeht, kann man sich im Landgasthof Sußner kulinarisch erholen. Gasthof, Metzgerei und Felsenkeller erfreuen den Gast. Der Stil: selbstverständlich fränkisch. Wohl bekomm's.

☞ Kalchreuth wird geprägt vom Schloss, der Kirche und der alten Zehntscheune am Schlossplatz. Gemäß einer Holzprobenuntersuchung stammt die Scheune aus den Jahren 1571/72.

TETZELSCHLOSS /// SCHLOSS 1 /// 91241 KIRCHENSITTENBACH ///
0 91 51 / 9 44 96 /// WWW.TETZELSCHLOSS.DE ///

SANKT-BARTHOLOMÄUS-KIRCHE /// PFARRGASSE 1 ///
91214 KIRCHENSITTENBACH ///

WIE DER ADEL FRÜHER LEBTE

Kirchensittenbach: Tetzelschloss

36

Das Tetzelschloss wirkt wie ein privates Anwesen. Es liegt im Talgrund nahe am klaren Wasser des Sittenbachs, umgeben von den sanften Hügeln der Hersbrucker Alb. Die Jobst Friedrich von Tetzel'sche Familien-Stiftung öffnet die Pforten. Dann kann man das große Haus mit dem schlanken Türmchen betreten, ansehen, im Schlossgarten lustwandeln, Kunst genießen. Die Atmosphäre ist angenehm. Das Schloss lässt sich mieten für beispielsweise größere Feiern.

Einst gab es hier ein Wasserschloss. Auf dessen Fundamenten entstand ab 1590 die heutige Schloss-Haus-Anlage, von eben dem Patrizier Jobst Friedrich von Tetzel in Auftrag gegeben und erbaut.

Bereits vor dem Tod des Bauherrn gründete er eine Stiftung. Der Grund bestand sicherlich darin, dass er trotz zweier Ehen kinderlos geblieben war und er mit seinem Bruder Karl eine recht intensive Feindschaft pflegte. Heute noch verwalten zwei alteingesessene Nürnberger Familien das Vermögen der Stiftung: die Volckhamer und die von Stromer. Sie sind die Veranstalter von Kulturereignissen und fungieren als Kunst-Sponsoren.

Das Tetzel-Schloss ist ein wunderbares Beispiel für einen Herrensitz der Region. Die Anlage ist nahezu vollständig erhalten und umfasst mehrere historische Nebengebäude, darunter zwei Sandsteinscheunen und das ehemalige Waschhaus. Das Schloss ist ein dreigeschossiger Sandsteinbau mit einem Satteldach. Auf der Innenseite fällt ein achteckiger Treppenturm mit Kuppelhelm und Spindeltreppe auf. Er ermöglicht den Zugang vom Innenhof in die oberen Stockwerke. Natürlich musste fleißig saniert werden, insbesondere die Statik der Fundamente bedurfte einer Verbesserung. Nun sieht das Schloss gut aus, die Filmvorführungen in der warmen Jahreszeit im Schlossgarten verstärken die historische Atmosphäre.

Die Grundherrschaft über die Kirche lag ab 1569 beim Patrizier Tetzel. Er ist im nördlichen Querhaus in einer Gruft begraben. Die Sankt-Bartholomäus-Kirche mit dem schönen Torhaus lohnt einen Besuch.

FACHWERKHAUS IN DER SCHULSTRASSE /// SCHULSTRASSE 10 ///
91474 LANGENFELD ///

WEITERE INFORMATIONEN ERHALTEN SIE BEI DER
GEMEINDE LANGENFELD /// SCHULSTRASSE 1 /// 91474 LANGENFELD ///
0 91 64 / 13 47 /// WWW.LANGENFELD-MFR.DE ///

DAS SCHÖNSTE AM PLATZ

Langenfeld: Fachwerkhaus in der Schulstraße

37

Das Fachwerkhaus in der Schulstraße zählt zu den schönsten Fachwerkhäusern in Mittelfranken und befand sich bis vor Kurzem im Zentrum von Langenfeld; bis Langenfeld sich 2008 eine neue Dorfmitte spendierte – durch den Bau eines Mehr-Generationen-Hauses, das ausgezeichnet wurde. Am alten Dorfplatz befand sich das Rathaus, in dem früher die Schule untergebracht war. Immerhin hatte Langenfeld bis 1975 eine eigene Dorfschule, die ab 1535 in den Kirchenbüchern nachgewiesen ist.

1975 zog das Rathaus in die alte Schule ein. Den Platz davor hat man schön gepflastert, ein paar Bäume gepflanzt und einen Paul-Reutter-Brunnen installiert. Spaziert man quer über den Platz, kommt man zu dem besonders schmucken Bau, dem zweigeschossigen Fachwerk-Wohnhaus mit Satteldach. Die Fachwerkfassade dominiert den ganzen Platz. Der Bau ist mit dem Jahr 1796 dokumentiert. Die Historiker gehen jedoch davon aus, dass das Haus damals wahrscheinlich nur umgebaut wurde. Es dürfte wesentlich älter sein. Schäden an der Fassade sowie der eingenistete Holzbock erforderten eine aufwändige Renovierung, die den Bau zu einem Gewinn für das Ortsbild von Langenfeld werden ließ.

Am Ende des Platzes steht das Haus von Michael und Matthäus Scheinlein (1710 bis 1771), ein erfolgreicher Instrumentenbauer, der im 18. Jahrhundert weit über Franken hinaus bekannt war. Das lag unter anderem an der guten Verkehrsanbindung Langenfelds. Von 1865 bis 1991 verfügte der Ort sogar über einen Halte-Bahnhof auf der Strecke Würzburg-Nürnberg.

Langenfeld wurde übrigens 1305 das erste Mal urkundlich erwähnt. Die wirtschaftlichen Impulse nach dem Dreißigjährigen Krieg verdankte das Dorf jedoch Fremden, vertriebenen Protestanten, die sich, von Österreich ausgewandert, hier niederließen.

Für Hungrige bietet sich die gemütliche historische Wirtsstube des Gasthauses zum Löwen in Unterlaimbach 16 (91443 Scheinfeld) an. Es gibt fränkische Küche.

EHEMALIGES GLOCKENGIESSERSPITAL /// SPITALSTRASSE 5 ///
91207 LAUF AN DER PEGNITZ ///

WEITERE INFORMATIONEN ERHALTEN SIE BEI DER
TOURIST-INFORMATION LAUF /// SCHLOSSINSEL 1 ///
91207 LAUF AN DER PEGNITZ /// 0 91 23 / 18 41 13 /// WWW.LAUF.DE ///

EINE STIFTUNG ALS LOHN

Lauf: Ehemaliges Glockengießerspital

38

Es gibt in Lauf eine Vielfalt von interessanten Bauten, die alle einer Beschreibung wert wären. Das Glockengießerspital in der Spitalstraße ist ein gediegener Sandsteinbau mit Fachwerkfassade im Obergeschoss. Es liegt etwa auf halber Strecke zwischen dem Alten Rathaus und dem Wenzelsschloss. Ein idealer Platz für ein Spital, abseits und doch mitten im Ort. Der Bau wurde 1374 von einem Nürnberger gestiftet: Hermann Keßler, »genannt Glockengießer«, so steht es auf dem Gedenkschild, und dessen Ehefrau Elisabeth, geborene Haid. Die beiden stifteten im gleichen Jahr die St.-Leonhard-Kirche gleich nebenan.

Die Sage berichtet, dass Keßler als Lehrling einmal ohne Geld nach Lauf gekommen sei und von einem Wirt kostenlos Unterkunft und Verpflegung bekommen habe. Dafür habe er sich später bedanken wollen. Als er dann vermögend geworden sei, habe er die Spitalstiftung ins Leben gerufen, in der es kostenlose Unterkunft und Betreuung gab. Im Krieg von 1553 wurde die Spitalkirche St. Leonhard aus dem Jahre 1375, damals sogar Pfarrkirche von Lauf, zerstört. Die Ruine ließ man als Mahnmal stehen. Das Spital, 1552 neu errichtet, wurde einige Male umgebaut und erneuert. Wie vom Stifter vorgesehen diente es lange Zeit als Altenheim – 640 Jahre lang, dann mussten die letzten Senioren ausziehen. Seit 1934 ist das Stadtarchiv Lauf darin untergebracht.

Vom Spital aus sehen wir die Ruinen von St. Leonhard. Sie mahnen ganz im Stillen. Die Gassen erzählen Stadtgeschichte. Man wandelt angenehm auf dem Alten Schulplatz, an dem sich der schön renovierte Kindergarten erhebt. Das sollte man noch wissen: Es ist der älteste Kindergarten von Lauf und sogar einer der ältesten in Bayern. 1850 eröffnet, 1873 überführt in eine Stiftung.

Gegenüber ein Hundesalon (Toni's Hundehaar). Hier können sich die Laufer Vierbeiner verwöhnen lassen. Gleich daneben der Eine-Welt-Laden für das weltweite Wohl der Menschen.

DEHNBERGER HOFTHEATER /// DEHNBERG 14 ///
91207 LAUF AN DER PEGNITZ-DEHNBERG /// 0 91 23 / 95 44 90 ///
WWW.DEHNBERGERHOFTHEATER.DE ///
WWW.DEHNBERGER-HOF-CHOR.DE ///

EIN BAUERNHOF, IN DEM DIE KUNST WOHNT

Lauf-Dehnberg: Hoftheater

39

Im Nürnberger Land ist das Dehnberger Hoftheater ein absoluter Begriff. Es hat mit Theater und Kleinkunst den kleinen Ort Dehnberg über die Laufer Stadtgrenzen hinaus bekannt gemacht. Es befindet sich in einem ehemaligen Hopfengehöft mit Sandsteingebäuden, in denen früher einmal der Hopfen getrocknet und verarbeitet wurde.

Über die Geschichte des Hofs mit seinen Gebäuden ist nicht viel bekannt, umso mehr hingegen über das Theatergeschehen. 1973 kauften Wolfgang Riedelbauch, Kapellmeister am Opernhaus in Nürnberg, und seine Frau den Bauernhof. Dabei wird kolportiert, dass er nur einen Platz gesucht habe, um in Ruhe nachts Klavier zu spielen. Die Sandsteinmauern ließen kein noch so lautes Klavier-Crescendo nach außen dringen. Doch so viel Zeit zum Klavierspielen blieb Wolfgang Riedelbauch gar nicht.

Sie richteten in der Scheune ein erstes Theater ein. In den Anfangsjahren wurde fleißig renoviert und gleichzeitig Theater oder Musik gemacht. Ein Helferkreis unterstützte die Eigentümer und Inspiratoren sowohl beim Bau als auch bei der Kunst. Es gibt Musiktheater, Sprechtheater, Oper, Kammermusik, szenische Lesungen, Jazz, Blues, Country, Volksmusik, Chormusik, Lesungen mit Musik, Kabarett sowie Kinder- und Jugendtheater. Vermutlich noch vieles mehr.

Die Gäste kommen gerne zu Aufführungen ins Dehnberger Hoftheater. In dem kleinen Garten, in dem vielerlei Kunstwerke stehen, können sich die Besucher in den Pausen erfrischen. Der gepflasterte Innenhof wird an manchen Sonntagmorgen zu einem Jazzforum. Da mundet der Frühschoppen so richtig vorzüglich.

Verantwortlich für die Anlage und für die Kunst ist mittlerweile der Verein Dehnberger Hof Theater e.V. Dass er recht erfolgreich agiert, können weit über 30.000 Besucher im Jahr bestätigen.

Seit 1980 gibt es den Dehnberger Hof Chor. Konzept: Ohne Bindung an einen örtlichen Gesangverein oder einen Kirchenchor anspruchsvolle und klangschöne weltliche und geistliche Chormusik aufführen.

LANDGASTHOF GOTZENMÜHLE /// GOTZENMÜHLE 1 ///
91586 LICHTENAU-GOTZENMÜHLE /// 0 98 27 / 12 92 ///
WWW.GOTZENMUEHLE.DE ///

VON OCHSENFLEISCH UND OCHSENWURST

Lichtenau-Gotzenmühle: Landgasthof Gotzenmühle 40

Wie Lichtenau mit einem zünftigen Ochsenbraten verbinden? Ganz einfach: Nach einem Bummel durch die Stadt kehrt man in der Gotzenmühle ein. Jedes erste Wochenende im Monat bietet der Landgasthof ein zünftiges Ochsenschlachtfest an.

Die Geschichte dieser Mühle reicht 500 Jahre zurück, 1474 wurde sie als Gotzmül erstmals namentlich erwähnt. Die jetzige Mühle entstand 1746. Sehenswert ist im Rundbogenportal ein Schlussstein mit dem Wappen des Deutschen Ordens.

Die geschmackliche Sehenswürdigkeit sind die Angusrinder, die auf der Gotzenmühle gezüchtet werden. Das Deutsch-Angus-Rind ist bekannt für sein besonders zartes Fleisch, das feinfaserigste und am besten marmorierte von allen Rinderrassen. Ihr Leben genießen die Rinder auf den satten Weiden.

Die Ochsen sind bekannt für ihre Kraft und Ausgeglichenheit, denn früher mussten sie schwere Wagen durch fränkische Lande ziehen. Schon unsere Vorfahren wussten vom Geschmack ihres Fleisches. Heute werden die Ochsen nicht vor Wagen gespannt, jedoch regelmäßig zum Ochsenschlachtfest geschlachtet. Dann gibt es Ochsenfleisch, Ochsenwurst, Gulasch und Ochsen-Spareribs. Das Ochsen-Fleisch ist so hervorragend, dass der Besucher vom Einrichtungsgeschmack des Gastraums absehen darf. Der Fleischgeschmack zählt, ist überzeugend und auf alle Fälle einen Besuch wert.

Aber bitte Lichtenau nicht ignorieren. Dominiert wird der alte Ortskern von einer fünfeckigen Festungsanlage, die stark an die Nürnberger Burg erinnert, in Form und Bauart. Ursprung ist eine mittelalterliche Wasserburg, die im Zweiten Markgrafenkrieg (1553) zerstört wurde. Die Nürnberger bauten sie wieder auf und errichteten ein Glanzstück der Renaissancebaukunst. Heute wird die Feste vom Freistaat Bayern als Außenstelle des Staatsarchivs Nürnberg genutzt.

☞ Im Landgasthof Gotzenmühle kann man auch übernachten. Besonders beliebt ist der Biergarten der Gotzenmühle. Er lädt bei Sonnenschein zum Verweilen ein.

SCHLOSS ADLITZ /// ADLITZ 12 /// 91080 MARLOFFSTEIN-ADLITZ ///

GASTHAUS »ZUR LUDWIGSHÖHE« /// ADLITZ 12 ///
91080 MARLOFFSTEIN-ADLITZ /// 0 91 31 / 5 29 29 ///
WWW.ADLITZER-BIERGARTEN.DE ///

EIN BIERGARTEN AM VERWUNSCHENEN GRÜN

Marloffstein-Adlitz: Schloss

41

Schon wieder ein Schloss? Ja und auch nein. Beim Schloss Adlitz handelt es sich um einen eher einfachen zweigeschossigen barocken Walmdachbau, der etwas verwunschen in einem verwilderten Garten liegt.

Zumindest das Untergeschoss stammt aus der Zeit von 1696 bis 1718. Damals errichtete ein Christian Friedrich von Rabenstein auf den Resten der alten Turmhügelburg das neue Haus. Die Bezeichnung Schloss ist übertrieben. Es ist ein Herrenhaus. Wie üblich wechselten in der Vergangenheit häufig die Besitzer. Da es noch immer in Privatbesitz ist, kann es nicht besichtigt, sondern nur von außen bestaunt werden.

Die meisten Besucher, die hierher kommen, zieht es nicht zum Schloss-Haus, sondern zum »Nussbaumkeller«, einem gehobenen Biergarten. Er hat einen enormen Vorteil: Er bietet eine umwerfende Fernsicht. Man hat den Eindruck, die gesamte Fränkische Schweiz läge im Blickfeld. Auf zwei Etagen, unter alten, schattigen Walnussbäumen, sitzt es sich so schön – mitten im Schoß der Natur. Speisen und Getränke gibt's über der Straße im Gasthaus »Zur Ludwigshöhe«. Am Rande erwähnt: Aus dem Zapfhahn läuft das Spitzenbier der Brauerei Meister aus Unterzaunsbach. Spezialitäten sind das Adlitzer Wild, Karpfen und Forellen aus eigenen Gewässern. Am Dienstag offeriert das Gasthaus Bohnenkerne mit Kloß und Bauch.

Auf dem Höhenrücken bläst der Wind recht kräftig, ideal für die Freunde des Drachensports. Väter kommen mit ihren Söhnen, um sie in die Kunst des Drachensteigens einzuweisen.

Die Adlitzer fühlen sich in ihrer Gemeinde wohl. Viele von ihnen fahren täglich den kurzen Weg nach Erlangen, um beim Multikonzern Siemens zu arbeiten. Das ist Lebensqualität: Tagsüber mit der Welt verbunden und abends ein gutes Bier in der Fränkischen.

☞ Gleich in der Nähe, neben dem weithin sichtbaren Wasserturm, befindet sich der »Pass Marloffstein«: 390 Meter hoch. Dort stehen auch einige Flurdenkmäler.

RATHAUS MERKENDORF /// MARKTPLATZ 1 /// 91732 MERKENDORF ///
0 98 26 / 65 00 /// WWW.MERKENDORF.DE ///

WO DER KAISER KRAUT ERHIELT

Merkendorf: Rathaus

42

Merkendorf ist die fränkische Krautstadt. Nirgends wachsen die Krautköpfe schöner und größer heran. Doch davon soll nicht die Rede sein. Wir stehen vor dem spätgotischen Rathaus mitten auf dem Marktplatz und begutachten das Sandsteinmauerwerk und darüber das Fachwerk. Im 15. Jahrhundert ist das Rathaus erbaut worden und 1479 soll der Rat darinnen seine erste Sitzung abgehalten haben.

Über dem Eingang ziert das Haus ein Steinrelief, das vom wichtigsten Besuch, den die Ratsherren je hatten, kündet. 1506 besuchte Kaiser Maximilian die Stadt und ließ sich von den Bürgern huldigen. Viel mehr gibt es leider nicht darüber zu berichten. 1648 brannte das Rathaus ab, erst zehn Jahre später baute man es wieder auf mit einer Stadtapotheke im Erdgeschoss. 1851 zogen die Ratsherrn aus, sie hatten sich eine Scheune als neues Rathaus umgebaut. Nun übernahm der Grünbaumwirt und lagerte in dem Haus sein Bier. Bei der Renovierung 1933 stießen die Handwerker auf das Fachwerk, das man daraufhin freilegte. Diese historische Entdeckung ließ zugleich an den Kaiserbesuch erinnern, woraufhin der Merkendorfer Bildhauer Wilhelm Riedel das Relief schuf, das wir heute bewundern können.

»Am Montag nach Allerheiligen 1506 ward in dießem Rathaus Kayßer Maximilian bewillkummt« steht darauf. Rechts davon ist das kaiserliche Gefolge mit Trommlern und Fahnenträgern zu sehen, links die Bürgerschaft. Das waren noch Zeiten.

So richtig wusste man aber mit dem Gebäude nichts anzufangen. Es wechselte mehrmals den Besitzer, bis 1987 die Stadt das schön herausgeputzte Haus zurückkaufte. Seither dient es wieder als Rathaus und dominiert den Marktplatz, mit dem Krautbrunnen im Vordergrund. So ist die Botschaft klar. Hier tagt der Rat der Krautstadt, beehrt durch einen Kaiserbesuch.

Merkendorf verfügt noch über eine intakte Stadtmauer mit acht Türmen, teils rund, teils eckig, drei Stadttoren und einem Stadtgraben.

DER ALTMÜHLSEE LIEGT ZWISCHEN MUHR AM SEE UND GUNZENHAUSEN.

WO DIE SEE-FREUDEN BEGINNEN

Muhr am See: Altmühlsee

43

Muhr am See ist das Tor zum Altmühlsee und damit Teil des Fränkischen Seenlandes. 1970 beschloss der Bayerische Landtag aufgrund des epochalen Antrags des Abgeordneten Ernst Lechner die Schaffung dieses Seenlandes. Daraufhin begann man, einen Staudamm aufzuhäufen. Ein Wall aus Sand und Lehm mit einer Höhe von drei bis über fünf Metern hielt das Wasser auf, so dass der See entstehen konnte. Im Kern besteht der Damm aus einer Dichtwand von Stahlbohlen, die in den Erdboden gerammt wurden. Daraus entstand die längste Stauanlage Deutschlands mit einer Kronenlänge von 12,5 Kilometern. Die Flutung des Beckens begann 1985. Der damalige Ministerpräsident Franz Josef Strauß weihte den See zusammen mit dem Kleinen Brombachsee und dem Igelsbachsee am 1. August 1986 ein.

Mit dieser neuen Seenlandschaft schuf Franken einen ganz besonderen touristischen Höhepunkt. Der Altmühlsee und die anderen neu entstandenen Seen bilden ein wunderbares Freizeit- und Erholungsgebiet, das die Bürger gerne annehmen. Darüber hinaus ist es Teil eines Wasserregulierungssystems, das für die gesamte Region von großer Bedeutung ist. Wasser wird aus dem wasserreichen Flusssystem der Donau in das wasserarme Regnitz-Main-Gebiet überführt. Dabei wird sogar die Europäische Hauptwasserscheide mit Tunnel außer Kraft gesetzt. Dies garantiert eine ausgeglichene Wasserverteilung.

Heute tummeln sich viele Freizeitsportler und Erholungssuchende an den Seeufern. Segeln, surfen und baden kann man ausgiebig. Es gibt zahlreiche Liegewiesen, Bade- und Sandstrände. Die MS Altmühlsee bietet den Gästen auf dem Gewässer Schifffahrtsgefühle. Besonders beliebt ist der Wander- und Radweg, der auf der Dammkrone rund um den See führt und manchmal stark frequentiert ist. Im Sommer locken diverse Festivals an den See.

Ein besonderes Spektakel ist Anfang August »See in Flammen«. Keine Angst, wenn die Flammen hoch lodern. Man hat ja das Wasser des Altmühlsees zum Löschen.

SCHLOSS ALTENMUHR /// SCHLOSSSTRASSE 16 ///
91735 MUHR AM SEE ///

WEITERE INFORMATIONEN ERHALTEN SIE BEIM
TOURISTBÜRO MUHR AM SEE /// SCHLOSSSTRASSE 4 ///
91735 MUHR AM SEE /// 0 98 31 / 89 03 70 ///

VORLAGE FÜR SCHILLERS RÄUBER

Muhr am See: Schloss Altenmuhr

44

Wir müssen an dieser Stelle Schiller erwähnen. Er besaß einst zwei Studienfreunde: Carl von Auritz und Wilhelm von Bibra, Verwandte und Nachbarn der Familien von Lentersheim und derer von Buttlar. Sie erzählten dem Dichter wahrscheinlich die Kriminalgeschichte, die sich in Muhr am See im Dunstkreis von Schloss Altenmuhr ereignet hatte. Daraus entstand das Stück »Die Räuber«.

Die Geschichte verlief ungefähr so: Ein gewisser Erhard von Lentersheim (1664–1729) wurde um 1724 von der fränkischen Ritterschaft unter Vormundschaft gestellt, da er Epileptiker und Alkoholiker war und nicht mehr imstande, seinen Besitz von Alten- und Neuenmuhr zu verwalten. Die Verfügungsgewalt erhielt ein Major Wilhelm Treusch von Buttlar, der 1723 Erhards Tochter geheiratet hatte. Trotz genau beschriebener Befugnisse entpuppte sich der Major als herrisch, brutal und skrupellos. Da seine Schwiegermutter erkannte, dass er sich den gesamten Lentersheimer Besitz aneignen wollte, beschloss er, sie ermorden zu lassen. An einem Sonntag, während die übrigen Schlossbewohner an einem Gottesdienst teilnahmen, wurde Frau von Lentersheim erdrosselt. Ein Strick hing um ihren Hals, um einen Selbstmord vorzutäuschen. Nach ungefähr zwei Jahren tauchten Gerüchte auf, woraufhin ein Kriminalprozess begann, dokumentiert in der »Akte Buttlar«. Der Prozess endete ohne Verurteilung des Beschuldigten.

Dennoch entstand aus diesem Stoff »Die Räuber«, ein Schiller'sches Meisterwerk. Schauplatz ist das alte Wasserschloss mit seinem Bergfried aus dem 12. Jahrhundert, ursprünglich eine quadratische Zwingeranlage mit vier runden Ecktürmen. Im 19. Jahrhundert wurden Mauern abgetragen, Wassergraben trockengelegt, so dass jetzt nur noch der Hauptbau aus dem frühen 17. Jahrhundert samt Bergfried zu sehen ist.

Das Schloss wurde ursprünglich von den Herren von Muhr erbaut und befindet sich heute im Privatbesitz der Familie von Le Suire. Es ist nur auf Anfrage zugänglich.

**BRAUEREI LOSCHER /// STEIGERWALDSTRASSE 21–23 ///
91481 MÜNCHSTEINACH /// 0 91 66 / 6 07 ///
WWW.BRAUEREI-LOSCHER.DE ///**

BIER ODER MATETEE GEFÄLLIG?

Münchsteinach: Brauerei Loscher

45

Es geschah im Jahr 1881, als Johann Simon Loscher eine Gastwirtschaft mit Brauerei, Ziegelei und Landwirtschaft am Rande von Münchsteinach kaufte. Seither ist sie im Familienbesitz und schrieb Erfolgsgeschichte: 1906 wurde die erste Gastwirtschaft beliefert, 1951 der erste Lkw angeschafft, 1970 ein Bierzelt für 2.000 Personen, zehn Jahre später ein Lastzug für über 1.000 Kisten. So vermerkt es die Chronik der Loscher-Brauerei.

Die Loschers waren immer für eine Überraschung gut. 2006 erfanden sie zum Beispiel das Weißbier-Pils, genannt »WeiPi«.

Für sein Bier ist das Frankenland hinreichend bekannt, wobei die Oberfranken mehr Brauereien haben als die Mittelfranken. Vielleicht haben die Loschers deshalb beschlossen, sich ein bier-fremdes zweites Standbein zuzulegen und mittelfränkische Mate-Getränke zu kreieren. Seit 2010 wächst der Umsatz mit Spezialitäten wie Club-Mate, Ice-T auf Mate-Basis und Club-Mate Cola überproportional. Grundstoff bildet der südamerikanische Mate-Tee. Mate ist ein Wort aus dem Indianischen und heißt Kürbis – daraus trinken die Indianer ihren Tee, der aus den Blättern der Stechpalme gewonnen wird. Das Mate-Getränk enthält 0,3 bis 1,5 Prozent natürliches Koffein. Es hilft gegen die Ermüdung der Muskeln und stillt auf natürlichem Wege Hunger und Durst. Es soll auf diese Weise das Abnehmen erleichtern.

Sind die Loschers bier-abtrünnig geworden? Bier macht bekanntlich eher müde und dick. Wie auch immer. Das Bier wird wohl weitgehend in Franken verkauft, die Mate-Getränke finden ihre Abnehmer vermehrt in Norddeutschland. Dabei handelt es sich vielleicht um eine geglückte Diversifikation, auf jeden Fall um eine interessante geschichtliche Entwicklung. In Münchsteinach hört man dies gerne, denn in den alten Fabrikgebäuden wird nach wie vor gebraut.

☞ Vor der Haustüre, am See, verläuft der Historienweg. Der circa 1,5-stündige Wanderweg beginnt am Maibaum, Ecke Neustädter/Neuebersbacher Straße in Münchsteinach.

BURG VELDENSTEIN /// BURGSTRASSE ///
91284 NEUHAUS AN DER PEGNITZ ///
WEITERE INFORMATIONEN ERTEILT DIE
GEMEINDEVERWALTUNG MARKT NEUHAUS /// UNTERER MARKT 9 ///
91284 NEUHAUS AN DER PEGNITZ /// 0 91 56 / 9 29 10 ///
WWW.NEUHAUS-PEGNITZ.DE ///

SUCHE NACH DEM NAZI-SCHATZ

Neuhaus: Burg Veldenstein

46

Der Ursprung von Burg Veldenstein liegt im Nebel der Vergangenheit. 1008 könnte sie im Rahmen der Grenzbefestigung entstanden sein. 1269 wird die Burg als »novum castrum« beschrieben, wobei sie vermutlich nur aus einem Haus bestand. Niemals war sie eine Raubritterburg, sondern immer schnöder Amtssitz, zunächst der Bamberger Bischöfe.

Burg Veldenstein war vielfach stark umkämpft und wurde auch mehrmals erobert, von den Nürnbergern, den Brandenburgern und schließlich im Dreißigjährigen Krieg von den Schweden, aber auch von den Kaiserlichen. Schließlich zerstörte sie im Jahr 1708 ein Blitzeinschlag zum großen Teil. Die Ruine verfiel mehr und mehr.

Dann übernahmen die Bayern die Burg und verscherbelten sie an Privatleute. Die Besitzer wechselten mehrmals, was der Bausubstanz nicht gerade gut bekam.

1897 kaufte sie der Stabsarzt Dr. Hermann Epenstein. Freund Heinrich Göring und Familie lebten ebenfalls längere Zeit auf der Burg. Das war fast eine Blütezeit für das Gemäuer. 1939 erwarb sie der »zweite Mann« im Dritten Reich. Er ließ die Burg renovieren und baute unter dem Herrenhaus sogar einen bombensicheren Bunker mit eigener Strom-, Luft- und Wasserversorgung.

1945 übernahmen die Amerikaner. Nachdem dort vorübergehend Flüchtlinge gesiedelt hatten, kaufte sie der Freistaat Bayern. Die Amerikaner suchten vergeblich nach einem Göring-Schatz, die Flüchtlinge suchten bald das Weite und der Freistaat Bayern suchte einen Käufer oder Pächter. Seit 1972 nutzte die örtliche Kaiser Bräu die Gebäude. Im Herrenhaus richtete sie ein Hotel-Restaurant ein. Ferienwohnungen gab es und Bier wurde gelagert, doch erfolgreich war das Unternehmen leider nicht. Die Burg ist zwar zugänglich, aber nicht bewirtschaftet. Vielleicht wird sie Jugendburg. Eindrucksvoll ist sie wie eh und je.

Den besten Blick hat man von der anderen Seite, nämlich vom Friedhof. Da glänzt die Burg mit ihrem beeindruckenden Turm. Zur Kulisse gehört auch der Turm der Kaiser Brauerei.

DIE MAXIMILIANSGROTTE IST AM BESTEN VOM GROTTENHOF AUS ZU FUSS ZU ERREICHEN. ZUM GROTTENHOF GELANGEN SIE, WENN SIE VON DER LAU17 KURZ VOR ORTSENDE KROTTENSEE LINKS ABBIEGEN.

91284 NEUHAUS AN DER PEGNITZ-KROTTENSEE /// 0 91 56 / 4 34 ///
WWW.MAXIMILIANSGROTTE.DE ///

ZWISCHEN TROPFSTEINEN UND GROTTENKÄSE

Neuhaus-Krottensee: Maximiliansgrotte

47

In der über 1.200 Meter langen Maximiliansgrotte findet man den angeblich größten Tropfstein Deutschlands. Solche Höhlen haben bekanntlich eine lange Geschichte. Bereits in der frühen Eisen- oder Hallstadtzeit diente diese Höhle bereits den Menschen als Unterschlupf, was dort entdeckte Scherben bewiesen. Aber erst 1596 wird die Höhle urkundlich dokumentiert – allerdings nicht schmeichelhaft. Kurfürst Friedrich IV. von der Pfalz hatte von der Höhle erfahren und überlegte sich schnell ein Geschäftsmodell. Im ersten Versuch beauftragte er seine Alchemisten, aus Höhlenlehm Gold zu machen. Fehlanzeige. Im zweiten Versuch ließ er die von der Decke wachsenden Stalaktiten abschlagen und daraus Salpeter und dann Schießpulver gewinnen. Fehlanzeige. Im dritten Versuch verkaufte er das Höhlenwasser als Heilmittel. Dieser Plan funktionierte einigermaßen. Das Wasser wurde gerne gekauft – auch ohne Heilwirkung.

Während des Dreißigjährigen Krieges versteckten die Anwohner ihren Besitz in der Höhle. Zufluchtsstätte wie früher. So richtig entdeckt wurde sie aber erst 1852, als man den heutigen Eingang fand. Nun war die Höhle leichter zu begehen. Es begann ein regelrechter Sturmlauf auf die Grotte. Doch weil die Besucher schon damals nicht nur besichtigten, sondern Souvenirs mitnahmen, verschloss man die Höhle wieder mit einer Türe. 70 Meter geht es in die Tiefe. Dann taucht man in die Wunderwelt der Tropfsteine ein. Nur wenige Millimeter wachsen sie im Jahr, da kann man ermessen, wie viel Zeit vergangen sein muss, bis der »Leißnerdom« mit seinen 26 Metern entstand. Darüber befindet sich das Windloch, der ursprüngliche Zugang zur Höhle, heute nur noch Sonnen-Öffnung.

Die Höhle kann man von Ostern bis Ende Oktober besichtigen (eine knappe Stunde), allerdings nur mit einer Führung.

Der Grottenkäse wird im Gasthof Grottenhof hergestellt. Es ist ein Hartkäse aus Kuhmilch, handgekäst, geräuchert und mindestens zehn Wochen in der Maximiliansgrotte gereift.

DIREKT AN DER STAATSSTRASSE 2413,
VON 90619 TRAUTSKIRCHEN KOMMEND IN RICHTUNG
91452 WILHERMSDORF AUSGESCHILDERT LIEGT ZENNHAUSEN.
90616 NEUHOF AN DER ZENN ///

WEITERE INFORMATIONEN ERHALTEN SIE BEI DER
GEMEINDE MARKT NEUHOF AN DER ZENN /// MARKTPLATZ 10 ///
90616 NEUHOF AN DER ZENN /// 0 91 07 / 9 24 42 90 ///
WWW.NEUHOF-ZENN.DE ///

Neuhof an der Zenn: Zennhausen

48

Markt Neuhof liegt im oberen Zenntal, ein hübscher Ort. Seinen Marktplatz prägen Fachwerkhäuser mit hohen Giebeln. Nach Osten hin wird Markt Neuhof von einem Torhaus abgeschlossen. Seit Kurzem weiß man auch, dass der Ort eine lange Geschichte hat.

Beim Bau der Ortsumgehungsstraße im Jahr 1999 stießen die Arbeiter überraschenderweise auf Fundamente einer Kapelle mit Friedhof, zweier Brunnen und eines festen Steinhauses. Eine erste urkundliche Erwähnung von Temhusen gab es wohl 779 als Besitz des Klosters Lorsch. 1205 wird ein Cenneberg als Wirtschaftshof des Klosters genannt. Die Grabungen erbrachten Fundstücke aus den Jahren zwischen 1150 und 1550. In einer Grube fand man auch Scherben aus der Zeit um 1000. Die Funde sind im Rathaus von Neuhof an der Zenn ausgestellt. Das Grabungsland gehört der Gemeinde, so konnte man die Ruinen in Ruhe untersuchen. Besonderen Eindruck hinterlässt das »Steinhaus«; es markiert den Weg in die Zivilisation.

Im ausgehenden 10. Jahrhundert entstanden diese Steinhäuser, auch »Feste Häuser« genannt. Sie waren mehrgeschossig, repräsentativ und wehrhaft, Sitz der Dorfherrschaft. In diesem Fall geht man davon aus, dass der vom Zisterzienserkloster Heilbronn eingesetzte Verwalter in dem Steinhaus lebte und seine Verwaltungsaufgaben erledigte. Wahrscheinlich wurde das Steinhaus im Städtekrieg 1387–89 zerstört. Heute kann man einen Zipfel dieser Vergangenheit ergreifen. Tafeln informieren darüber, wie es wohl einmal ausgesehen haben muss.

Die Neuhofer sind stolz auf die Ausgrabungen, auch wenn sie nicht so spektakulär sind. Man sieht eben nur Steine, ein paar Grundrisse. Aber die Bürger leiten davon ab, dass der Ort schon früh von großer Wichtigkeit in Mittelfranken war.

In der Nähe befindet sich die Fingalshöhle mit Inschriften in Sandstein. Zu lesen sind Namen wie Seckendorff, Guttenberg, Truchseß mit Jahreszahlen aus den letzten Jahrzehnten des 18. Jahrhunderts.

PFARRKIRCHE MARIÄ HIMMELFAHRT /// KIRCHENGASSE 2 ///
91233 NEUNKIRCHEN AM SAND ///

VON DER KIRCHE AUS SIEHT MAN SPECK

Neunkirchen: Pfarrkirche Mariä Himmelfahrt

49

Sie steht majestätisch auf einer Anhöhe, nicht zu übersehen: die katholische Pfarrkirche Mariä Himmelfahrt. Eine Kirchenburg. Die Maueranlage umgab und schützte einst sowohl die Kirche mit Friedhof als auch das Pfarrhaus, das Mesnerhaus und zwei Bauernhäuser.

Der erste Kirchenbau stammt aus romanischer Zeit, der heutige Bau eher aus dem 14. und 15. Jahrhundert. Die Kirche war einst reich gotisch geschmückt. Dies änderte sich leider, als sie 1688 barocken Schmuck erhielt, was nicht unbedingt zum Korpus passte. Eine weitere Neugestaltung erfolgte 1722, aber das Barocke blieb natürlich. Wer diese Formen mag, ist hier richtig am Platz: Die Kanzel, die Altäre (der Hochaltar sowie die beiden Seitenaltäre) präsentieren sich in der Formenfreude des Barock. Besonders beeindruckend sind ebenfalls die fülligen Deckengemälde – im Chor wird Jesus im Tempel dargestellt, in den Ecken die vier Evangelisten, im Langhaus Szenen aus dem Marienleben. In aller Üppigkeit.

Außen dominieren die klaren Linien der beiden mächtigen Türme. Sie stammen weitgehend aus dem 14. Jahrhundert. Die Maueranlage befand sich früher näher an der Kirche, wurde jedoch 1609 abgebrochen, neu aufgebaut, mehrfach repariert und saniert. 1850 brach man die Mauer nochmals komplett ab und schuf einen neuen Pfarrhof. 1851 entstand das Pfarrhaus.

Den vorderen Turm kann man manchmal besteigen. Er bietet einen wunderbaren Ausblick auf den Ort. Ebenso lassen sich von oben die Werksanlagen der Firma Speck, ein weltbekannter Pumpenhersteller, überblicken. Neunkirchen am Sand ist Speck-Land. Allerdings erst seit 2004. Damals zogen die Pumpenleute von Lauf nach Neunkirchen. So kommt ein Global Player in die fränkische Provinz. Die Arbeit ist willkommen.

Neunkirchen am Sand ist uraltes Siedlungsgebiet. Nicht weit entfernt bei Speikern gibt es einen Archäologischen Wanderweg. Hier findet man auch die Rekonstruktion eines Hügelgrabes.

STARTPUNKT DES ARCHÄOLOGISCHEN WANDERWEGS IST
AM WANDERPARKPLATZ ZWISCHEN SPEIKERN UND KERSBACH.

WEITERE INFORMATIONEN ERHALTEN SIE BEI DER
GEMEINDE NEUNKIRCHEN /// HIRTENWEG 2–4 ///
91233 NEUNKIRCHEN AM SAND /// 0 91 23 / 9 71 70 ///
WWW.NEUNKIRCHEN-AM-SAND.DE ///

Neunkirchen-Speikern: Archäologischer Wanderweg

50

Schauplatz ist der Ortsteil Speikern in der Gemeinde Neunkirchen am Sand. Dort lockt der »Archäologische Wanderweg«. Er führt nach einem Kilometer leichter Wanderung zu einem keltischen Grabhügel. Es handelt sich zwar nicht um ein Original, sondern um eine Rekonstruktion an originaler Stätte. Eine Informationstafel gibt Auskunft darüber, dass der Original-Grabhügel aus der Hallstattzeit stammt.

Hier wurden Menschen beerdigt, die im weitesten Sinn unsere Vorfahren waren und in der Hallstattzeit lebten, also 750–500 v. Chr. Die einfachen Menschen wurden unter kleineren Hügeln bestattet oder in Erdgruben ohne Hügelaufschüttung beigesetzt. Für die Reichen und Adeligen wurde mehr Erde bewegt, eine Grabkammer gebaut, dann Erde darüber aufgeschüttet. Auf jeden Fall war der Hügel mit einem Steinkreis oder mit einem flachen Graben umgeben. Ein solch umfriedetes Grab galt damals als heiliger Bezirk.

Die Grabkammer war aus Holz gefertigt, so groß, dass der Tote bequem ruhen konnte und auch die Beigaben Platz fanden: Schmuckstücke, Gürtelschnallen, Gefäße, für die Männer Waffen. Die Toten wurden in ihrer Kleidung beigesetzt. So betraten sie das Totenreich. Die Grabhügel beweisen, dass diese Region schon frühzeitig bewohnt war. Sogar der griechische Geschichtsschreiber Herodot (485–425 v. Chr.) berichtet von dem Volk, das hier gelebt hat.

Auf dem »Archäologischen Wanderweg« erreicht man unter anderem auch einen Kalkofen zum Brennen von Kalk, früher wie Zement verwendet. Der Weg ist mit Informationstafeln gut ausgeschildert. Daher ist er einer der meistgegangenen Spazierwege im Nürnberger Land, weshalb es im Sommer nicht unbedingt beschaulich ruhig ist. Aber zu jeder Jahreszeit fasziniert die Begegnung mit der Vergangenheit.

Auf dem »Archäologischen Wanderweg« kann man in Weißenbach eine Rast einlegen. In der Wirtschaft »Zum Glatzenstein« steht eine Vitrine mit vorgeschichtlichen Funden.

SCHLOSS SEEHAUS /// SEEHAUS 58 /// 91478 NORDHEIM ///
0 91 65 / 5 41 (JAN KOBOW) /// WWW.SCHLOSS-SEEHAUS.DE ///

EIN ORT FÜR VIEL KULTUR

Nordheim: Schloss Seehaus

51

Das Schloss Seehaus ist sehr bestimmend in der Region. Um 1300 beweisen die ersten Urkunden zumindest die Existenz eines »Hauss ym See«, also wohl ein Herrenhaus auf einer Insel in der Mitte eines großen Teiches. Das heutige Schloss wurde im 16. Jahrhundert von Georg Ludwig von Seinsheim erbaut. Die Schweden setzten Feuer, die Grafen von Schwarzenberg bauten wieder auf. Im Jahr 1780 entstand die heutige barocke dreiflügelige Anlage.

Im Schloss befand sich zu diesen Zeiten das »Finanzamt«. Hier wurde der Zehnt von Schwarzenbergs Lehen eingetrieben und aufbewahrt. Für Verbrecher gab es mehrere Arrestzellen. Die Eigentümer hingegen lebten lieber auf ihrem fürstlichen Stammsitz, dem Schloss Schwarzenberg, im gut zehn Kilometer entfernten Scheinfeld.

Übrigens: Der See, der das wehrhafte Schloss ehemals umgab, wurde mit der Errichtung des jetzigen Gebäudes, also um 1800, trockengelegt und zu Weideland umgewandelt. Nach dem Zweiten Weltkrieg erhielten im Rahmen einer Gebietsreform Flüchtlinge und Neusiedler ein Drittel des adeligen Grundbesitzes. Daraufhin trennten sich die Schwarzenbergs von Schloss Seehaus.

Es wäre unfair, wenn man nur das Schloss Seehaus besucht, denn Markt Nordheim ist richtig idyllisch. Und die Bürger kümmern sich vorbildlich um ihren Ort. Ein Beweis für ihr geglücktes Engagement ist die Auszeichnung »Bayerisches Golddorf« beim Wettbewerb »Unser Dorf hat Zukunft – Unser Dorf soll schöner werden« im Jahr 2007.

Die Seinsheimer bauten Ende des 16. Jahrhunderts ihre Kirche über einer bereits bestehenden Kapelle. Unter den Seinsheimern wurde der Ort nach der Reformation evangelisch. Noch vor 1600 spendierte die Schloss-Familie zusätzlich ein Pfarrhaus sowie ein Schul- und Mesnerhaus.

Heute ist das Schloss in Privatbesitz und ein schöner Ort für Feste und Konzerte. Das kulturelle Programm ist vielseitig.

BAUERNMUSEUM UND TRACHTENVEREIN FROHSINNSHOF /// KEHRENBERGSTRASSE 18 /// 91438 BAD WINDSHEIM-OBERNTIEF /// 0 98 41 / 27 52 /// WWW.VEREIN-FROHSINN.DE ///

GASTHAUS SCHWARZER ADLER /// KEHRENBERGSTRASSE 9 /// 91438 BAD WINDSHEIM-OBERNTIEF /// 0 98 41 / 23 94 ///

DER FROHSINN WÄCHST AUF EINEM BAUERNHOF

Oberntief: Bauernmuseum und Trachtenverein Frohsinnshof 52

Was an einem Stammtisch alles geschehen kann. An eben diesem Kommunikationsort in der Brauerei Rühl, dem heutigen Gasthaus »Zum Birnbaum«, traf am 1. Oktober 1875 der Geselligkeitsverein Frohsinn zum ersten Mal zusammen: 15 Mitglieder und eine Satzung. Der Mitgliedsbeitrag betrug im Monat 20 Pfennig!

Frohsinn ist ein hehres Ziel. Aber was bedeutet das? 1959 schaffte sich der Verein eine Fahne an. Frohsinn? Dann kreierten sie das Vereinslied »Wahre Freundschaft«. Frohsinn? Sie gründeten eine Trachtengruppe und schließlich eine Jugendmusikgruppe. Sie beteiligten sich bei Stadtfesten, Museumsfesten. Der Sinn von Frohsinn ergab sich allmählich.

1985 kaufte der Verein Frohsinn einen Bauernhof in Oberntief. Mit viel Freude und noch mehr Fleiß und Ausdauer renovierten die Mitglieder den recht heruntergekommenen Bauernhof und bauten ihn als Museum aus. Damit versuchten sie, ein Stück Tradition und Vergangenheit zu erhalten.

Der Frohsinnshof, wie er genannt wird, ist ein wirkliches Schmuckstück geworden. Er beweist noch heute, dass man mit Bürgerengagement eine Gesellschaft verändern kann. Auch mit Frohsinn.

Ansonsten ist es in Oberntief ruhig, obwohl hier bereits in der Jungsteinzeit eine Siedlung existierte. Der Name des Ortes, der 1226 urkundlich erwähnt ist, leitet sich von einem Ritter Albrecht von Tiefe ab.

In der Nähe des jetzigen Dorfweihers stand sogar eine Wasserburg. Diese wurde von den Windsheimern zerstört und 1447 restlos abgebrochen. Die Steine konnte man gut für andere Gebäude gebrauchen. Daran erinnert das ehemalige Burggasthaus, das heute den »Schwarzen Adler« beherbergt.

Oberntief gehört zu Bad Windsheim, liegt in der fränkischen Provinz – und ist doch erwähnenswert, weil die Bürger ihrem Ort Sinn, Frohsinn gegeben haben.

Im Gasthaus »Schwarzer Adler« gibt es angeblich, wie ein Besucher erzählt, »die größten Schnitzel, die ich je gegessen habe«.

OBERNZENNER SCHLÖSSER /// SECKENDORFFSTRASSE 1 ///
91619 OBERNZENN /// 0 98 44 / 97 84 75 ///

WEITERE INFORMATIONEN ERHALTEN SIE BEI DER
GEMEINDEVERWALTUNG MARKT OBERNZENN /// MARKTPLATZ 9 ///
91619 OBERNZENN /// 0 98 44 / 9 79 90 /// WWW.OBERNZENN.DE ///

WO EIN BLAUES AUF EIN ROTES TRIFFT.

Obernzenn: Schlösser

53

Berlin – Wien – Obernzenn: Die Erbauer der Obernzenner Schlösser waren hohe Diplomaten und Militärs am Kaiserlichen Hof in Wien, am Königlichen Hof in Berlin und an den Markgräflichen Höfen in Ansbach und Bayreuth. Sie entschlossen sich, ihre Residenzen in Obernzenn zu erbauen und brachten die adelige Welt nach Mittelfranken, beherbergten Gesandtschaften und luden zu Jagdvergnügen ein.

An solch eine Entwicklung dachte man bei der Ortsgründung im 8. Jahrhundert kaum. Auch als gegen 1200 die Burggrafen von Nürnberg den Ort erbten, befand er sich weitab des weltmännischen Lebens. Diese errichteten immerhin eine Wasserburg mit Wassergraben, just an der Stelle, an der heute das Blaue neben dem Roten Schloss steht.

Die Geschichte von Oberzenn verlief in den ersten Jahrhunderten etwas turbulent. In der Markgrafenzeit bildete das Flüsschen Zenn die Grenze zwischen den Markgrafentümern Ansbach und Bayreuth. Diese teilte auch den Ort. 1752 erhielt ein Seckendorffer sogar die Hochgerichtsbarkeit über Obernzenn und ein paar andere Ortschaften. Daraus entstand ein souveräner Kleinstaat von 40 Quadratkilometern. Erst Napoleon beendete 1806 diesen Spuk, als Obernzenn bayerisch wurde.

Die Schlösser, wie wir sie heute sehen, wurden im 18. Jahrhundert in ihrer reinen spätbarocken Architektur vollendet. Wohl zur Unterscheidung erhielten sie die unterschiedlichen Fassadenfarben und damit ihre Namen: die »Roten« waren die Freiherren von Seckendorff-Gutend und die »Blauen« die Grafen von Seckendorff-Aberdar.

Die Geschichte der heute noch dort ansässigen Familien von Seckendorff lässt sich bis in das 13. Jahrhundert zurückverfolgen. Ihnen verdankt ein beschaulicher Ort wie Obernzenn den Kontakt zur weiten Welt, nach Wien, Berlin, Ansbach und Bayreuth.

Obernzenn profitierte stark von seinen adeligen Bewohnern. Neben den Schlössern gab es noch die Wirtschaftshöfe, ein Brauhaus mit Gastwirtschaft, ein herrschaftliches Jägerhaus sowie ein Amtshaus.

WOHNHEIM WALDHEIM OBERNZENN /// URPHERTSHOFEN 59/60 ///
91619 OBERNZENN-URPHERTSHOFEN ///

GASTHOF KLEINE SEEHEXE /// URPHERTSHOFER STRASSE 15 ///
91619 OBERNZENN /// 0 98 44 / 9 78 99 20 ///
WWW.DIEKLEINESEEHEXE.DE ///

EINE VILLA MIT AUSSICHT

Obernzenn-Urphertshofen: Wohnheim Waldheim 54

Wo liegt Urphertshofen? Es ist ein Ortsteil von Obernzenn mit weniger als 200 Einwohnern und liegt am Eisenbach, einem Zufluss der Zenn. Jedenfalls weitab mittelfränkischer Zivilisation.

Bemerkenswert ist ein Gebäude, das etwas außerhalb liegt: südlich, recht abgeschieden. In einer malerischen Landschaft befindet sich das Waldheim, eine zweigeschossige Villa mit Mansardendach. Bauherrin war die Diakonisse Margarete Ries, die 1903 ein Kurheim für »chronisch Kranke, Blutleere und Entkräftete« eröffnete. Im Krieg diente es als Lazarett. 1927 erhielt das Gebäude noch eine Kapelle – nach den Plänen des berühmten Architekten German Bestelmeyer. Die Kapelle ist recht schlicht, auf Wunsch der Nonnen. Das Haupthaus wirkt dagegen aristokratisch. Vor Kurzem hat man alles grundlegend renoviert. Nun erstrahlen die Bauten wieder im alten Glanz. Die Oberflächen sind neu gestaltet, das Historische im Innern wird dezent betont.

Es hat sich zu einem beeindruckenden Ensemble entwickelt. Eine Besichtigung ist jedoch nicht erwünscht, um die Privatsphäre nicht zu stören. Seit 1973 leben in den Gebäuden Menschen mit Behinderungen.

Die Ortsgeschichte von Urphertshofen lässt sich seit 1214 belegen. Damals hieß der Ort noch Udelwarteshovin. In den Archiven finden sich mehr Namensvarianten: Ulberßoffen (1393), Ulwertzhouen (1478) und Urpherzhoffen (1478). Die Vielfalt gehe wohl auf Schreibfehler zurück. Wer kann heute den Namen fehlerfrei schreiben?

Zu besichtigen gibt es zunächst nur die Kirche Sankt Jakobus und Nikolaus. Teile davon könnten aus dem 12. oder 13. Jahrhundert stammen. Die Kirche fiel zwei Bränden zum Opfer, 1576 und 1677. Dabei gingen alle Urkunden in Rauch auf. Und immer wieder wurde die Kirche neu aufgebaut. Noch heute macht sie einen recht trutzigen Eindruck.

Nicht weit entfernt, in Obernzenn, kann man sich von der »Kleinen Seehexe« bewirten lassen. Sie hat das ganze Jahr geöffnet, durchgehend warme Küche, ein großes Angebot.

ORNBAUER STADTMAUER /// 91737 ORNBAU ///

GASTHAUS ZUM GOLDENEN OCHSEN /// ALTSTADT 34 ///
91737 ORNBAU /// 0 98 26 / 6 58 41 01 ///

GROSSE MAUER FÜR EINE KLEINE STADT

Ornbau: Stadtmauer

55

Ornbau ist eine der kleinsten Städte Bayerns, gerade 1.700 Einwohner. Sie liegt an der europäischen Wasserscheide, wo sich das Wasser für seine Fließrichtung zum Mittelmeer oder Atlantik entscheiden muss.

Ornbau besitzt eine intakte Stadtmauer, die gegen 1286 angelegt wurde, als der Ort noch Arenbur hieß. Sie bestand damals lediglich aus einem breiten Wassergraben, der von der Altmühl gespeist wurde. Die aufgeworfene Erde des Grabens bildete einen Wall um den Bergfried. Zur Stadtseite ersetzte man den Wallgraben bald durch eine dicke, niedrige Ringmauer, was nicht alle gut fanden. Sie forderten, die Befestigungsanlagen wieder einzuebnen. Im Jahr 1317 erhielt jedoch der Fürstbischof von Eichstädt vom Kaiser höchstpersönlich das Recht, Ornbau zu befestigen – mit einer Mauer.

Ein Ort, eingefriedet mit einer Mauer, bekam damals automatisch den Rang einer Stadt – und diesen Titel gaben die Ornbauer nicht mehr her.

Die Stadtmauer ist heute noch nahezu komplett erhalten. Das meiste stammt aus dem 15. Jahrhundert. Verantwortlich war Fürstbischof Wilhelm von Reichenau, der das Bistum Eichstätt wirkungsvoll zu befestigen versuchte. Die Bevölkerung sollte vor feindlichen Übergriffen durch hohe Mauern und massive Basteien geschützt werden. Daher findet man an vielen Türmen und Toren sein Wappen. Charakteristisch für die Anlage ist der Diebsturm, ein Beobachtungsturm. Auf ihm wohnte der Turmwächter, der Tag und Nacht die Stadt zu bewachen hatte. Im Keller des Turmes befand sich ein Verließ für Verbrecher und Diebe, eine praktische Kombination.

Es ist erholsam, an der Stadtmauer entlangzuspazieren und die Bauerngärten zu bewundern, die die Ornbauer vor den Mauern angelegt haben. Hier gedeiht alles, was man in einem fränkischen Gemüsegarten benötigt.

☞ Wer hungrig geworden ist, kann sich mitten in der Altstadt beim »Goldenen Ochsen« niederlassen. Es gibt bodenständige fränkische Küche.

STADTMÜHLE ORNBAU /// STADTMÜHLE 1 /// 91737 ORNBAU ///
0 98 26 / 3 73 /// WWW.FERIENWOHNUNG-ORNBAU.DE ///
BIERGARTEN AN DER INSEL GERN /// AM ANGER /// 91737 ORNBAU ///
0 98 26 / 65 53 40 ///

WIE ENERGIE NEU DEFINIERT WIRD

Ornbau: Stadtmühle

56

Außerhalb von Ornbau steht die Stadtmühle. Sie besaß früher große Bedeutung für die Energieversorgung der Stadt. Heute ist sie Teil des Energie-Erlebniswegs. An den einzelnen Stationen wird der Besucher aufgeklärt über die Bedeutung und Vielfalt von Energie sowie über die Technik, wie Energie erzeugt wird. Dabei kommen sowohl Vor- als auch Nachteile zur Sprache, was an der Stadtmühle gut gezeigt werden kann. Hier finden sich Wasserkraft und Sonnenkraft.

Das mächtige Mühlen-Anwesen ist seit 1910 in Besitz der Familie Bischoff. Nach einem Brand baute sie die Mühle neu auf und modernisierte sie (1932). Bis 1990 dauerte die Bewirtschaftung als Mühle. Aus dieser Zeit stammen die Antriebe, die Francis-Turbine (1941) und die Haag-Turbine. Letztere wurde zu früheren Zeiten nur bei Hochwasser angeworfen. Die Francis-Schachtturbine ist heute noch intakt und produziert elektrische Energie. Ein Drittel dieser Energie dient der Versorgung des Anwesens, der Rest fließt ins Netz. Seit Oktober 2003 speist eine Fotovoltaik-Anlage, die auf dem Dach der ehemaligen Stallung montiert ist, Strom ins öffentliche Netz. Anhand dieser verschiedenen Formen der Energiegewinnung lassen sich gut die Vor- und Nachteile der Energiearten studieren. Während die Wasserkraft, mit Ausnahme von sehr trockenen Sommermonaten, das ganze Jahr relativ gleichmäßig zur Verfügung steht, ist der Ertrag der Fotovoltaik-Anlage von der Sonneneinstrahlung abhängig, die nicht immer vorhanden ist, insbesondere nachts fehlt.

Die Mühle ist eine wuchtige Anlage, ein bisschen in die Jahre gekommen. Desto beeindruckender wie modern Energie genutzt wird. Im Mühlenladen kann man sich informieren sowie Naturkostprodukte und Regionales kaufen. Beim Besichtigen der Turbinen kann man mit dem »Müller« fachsimpeln.

☞ Ein Geheimtipp ist der Biergarten an der Insel Gern. Er liegt am Altmühlzuleiter und bietet einen schönen Blick auf den Fluss. Die fränkischen Schäufele sind legendär.

DAS MITTELALTERLICHE BADHAUS BEFINDET SICH GEGENÜBER DEM MODEHAUS KUNST, CIRCA 500 METER NACH DER KREUZUNG IN DER DORFMITTE.

SULZBACHER STRASSE/DORSCHSTRASSE 2 /// 91224 POMMELSBRUNN /// 0 91 54 / 12 07 ///

WEITERE INFORMATIONEN ERTEILT DIE GEMEINDE POMMELSBRUNN /// RATHAUSPLATZ 1 /// 91224 POMMELSBRUNN /// 0 91 54 / 9 19 80 /// WWW.POMMELSBRUNN.DE /// WWW.MEIN-POMMELSBRUNN.DE ///

ALS BADEN HEIDNISCHER LUXUS WAR

57

Pommelsbrunn: Mittelalterliches Badhaus

Früher badeten die Menschen in Bächen, Flüssen und Seen. Später bauten sie ummauerte Bäder wie das Pommelsbrunner Badehaus, die nicht nur der Reinigung, sondern auch der Geselligkeit dienten. Den Römern sei Dank. Auch die Araber waren Bade-Fans. Die Christen hingegen hatten Probleme mit ihrer Hygiene, denn Waschstätten galten ihnen eher als »Orte der Sünde« und das Baden als »heidnisch und ungesund«. Erst die Kreuzfahrer, die im Heiligen Land die Annehmlichkeiten der Körperpflege kennengelernt hatten, brachten diese Gewohnheit in die christlichen Lande.

Die Burgen erhielten nunmehr Bäder, die Städte Badestuben. Zuständig war ein Bader, der die Bürger auch zur Ader ließ, Schröpfköpfe setzte, Zähne zog, Wunden behandelte; und natürlich auch Bärte und Haare schor.

Lange Zeit bildeten die Badestuben ein gesellschaftliches Zentrum. Ihr Niedergang ist auf verschiedene Ursachen zurückzuführen: kriegerische Auseinandersetzungen, Ausbreitung von Seuchen (Syphilis), steigende Holzpreise und die moralische Verdammung seitens der Kirchen.

Das Pommelsbrunner Badehaus kann man noch heute bewundern. 1486 wurde es zum ersten Mal urkundlich erwähnt. Aus dem Jahr 1593 stammt eine bildliche Darstellung. 1599 wird das »Badehaus mit Backstube« erneut erwähnt. Im Laufe der Zeit wechselte das Gebäude mehrmals den Besitzer und auch die Funktion. Schließlich hat man daraus ein Museum gestaltet – klein, aber fein.

Das Museum ist mit einer Selbstöffnungsanlage ausgestattet. Nach dem Einwurf von zwei Euro geht die Türe auf. Im Untergeschoss sind die Baderäume zu besichtigen. Der Rundgang beginnt mit der Wohnstube des Baders und geht über die Schwitz- und Anwendungsräume zum Fundament von Schwitz- und Kesselofen. Im Obergeschoss befindet sich die Diakoniestation.

Interessant ist die Kirche (1403). Der berühmteste Besucher von Ort und Kirche war wohl 1632 der schwedische König Gustav Adolf, der im Dreißigjährigen Krieg mit seinen Truppen durch das Tal zog.

VORGESCHICHTSMUSEUM URZEITBAHNHOF /// BAHNHOFSSTRASSE 7A ///
91224 POMMELSBRUNN-HARTMANNSHOF /// 0 91 54 / 9 15 37 58 ///

WEITERE INFORMATIONEN ERHALTEN SIE BEIM
HEIMAT- UND MUSEUMSVEREIN /// SULZBACHER STRASSE 14 ///
91224 POMMELSBRUNN /// 0 91 54 / 12 07 ///
WWW.MEIN-POMMELSBRUNN.DE ///

DIE HÖHLENRUINEN VON HUNAS

Pommelsbrunn-Hartmannshof: Vorgeschichtsmuseum Urzeitbahnhof

58

In einem Steinbruch nahe dem Weiler Hunas wurde 1956 ein äußerst bedeutender Höhlenfund gemacht. Die ersten Ausgrabungen erfolgten aber erst 1964. Dabei stürzte die Höhle teilweise ein, so dass erst in den 1980er-Jahren intensivere Grabungen begannen. Die Archäologen konnten aufgrund der Funde in einem Hohlraum nachweisen, dass er über lange Zeit von Menschen und Tieren aufgesucht wurde. Die Funde datieren etwa in die Zeit zwischen dem 250. bis 100. Jahrtausend v. Chr. und zählen daher zu den ältesten in Bayern. Im Vorgeschichtsmuseum Urzeitbahnhof in Hartmannshof kann sie der Besucher bestaunen.

Die Archäologen haben im Gestein Schichten nachgewiesen, aus denen man die Lebensbedingungen über einen langen Zeitraum ableiten kann. Eine wichtige Erkenntnis besteht darin, dass in fast allen Schichten die Anwesenheit des Menschen nachzuweisen ist. Tierarten konnte man bisher mehr als 140 nachweisen, zum Beispiel den Höhlenbären, den Höhlenlöwe, die Höhlenhyäne, Wolf, Eis- und Rotfuchs. Besonders die Überreste der Tierfunde lassen Rückschlüsse auf Alter und klimatische Bedingungen zu.

In einem unteren Schichtpaket ließen sich gemäßigte bis warme Klimazustände ablesen. Damals lebten Berberaffen auf der von lichtem Mischwald bedeckten Frankenalb. Anhand der nächsten Schichten erkannte man, wie es zunehmend trockener und kälter wurde. Die Nordische Wühlmaus, der Zwergpfeifhase, der Lemming und andere kältetolerante Tierarten breiteten sich aus. Der Mensch konnte sich auf all diese Bedingungen einstellen und überlebte.

In Hartmannshof hat man ein ausrangiertes Eisenbahngebäude renoviert und darin ein kleines Museum mit einigen Exponaten der Grabungen installiert. Das Ausgrabungsgebiet ist abgesperrt. Nur am Tag des offenen Denkmals (Anfang September) kann man es besichtigen.

Wen der Museumsbesuch durstig und hungrig gemacht hat, der kann sich in einer kleinen Gaststätte im Erdgeschoss des Museums stärken.

ERLEBNIS-WOHLFÜHL-HOF SCHMALZMÜHLE /// SCHMALZMÜHLE ///
91740 RÖCKINGEN /// 0 98 32 / 74 33 /// WWW.SCHMALZMUEHLE.DE ///

SCHLOSS SCHENKENSTEIN /// OBERE DORFSTRASSE 18 ///
91740 RÖCKINGEN ///

KÄSE ZUM VERLIEBEN

Röckingen: Erlebnis-Wohlfühl-Hof Schmalzmühle

59

So mancherlei verführerische Orte ziehen Käseliebhaber magisch an. In Röckingen ist dies der Erlebnis-Wohlfühl-Hof Schmalzmühle, ein denkmalgeschützter mittelfränkischer Vierseithof. Angeblich kann man die Mühlengeschichte bis in den Bauernkrieg um 1525 zurückverfolgen. Der damalige Schmalzmüller Thomas Wiedemann rief die örtlichen Bauern zum Aufstand gegen die Obrigkeit auf. Das bekam ihm aber nicht so gut. Der Freibauer verlor all seine Rechte.

Die jetzige Anlage dürfte etwa 1660 entstanden sein. Vermutlich wurde das Anwesen in den Kriegszeiten zerstört, geplündert und schließlich wieder aufgebaut. Im Laufe der Jahrhunderte erfuhr der Hof so manche bauliche Veränderung, dessen ursprüngliche Konzeption blieb jedoch erhalten. Er umfasste eine Getreidemühle und ein Sägewerk, welche mit Wasserkraft betrieben wurden, sowie einen landwirtschaftlichen Betrieb. Heute ist ein König (Friedrich König) Besitzer des Anwesens. Neben der Landwirtschaft und der Säge sind die Direktvermarktung von Käse und Käseseminare wichtige Standbeine.

Man sollte die Käseseminare mit etwas Hunger antreten. Und man sollte nicht die Illusion hegen, dass dies ohne Arbeit abgeht. Denn ehe die Käsebrotzeit beginnt, wird auf jedem Doppeltisch ein Topf voll mit Milch platziert, der von den Teilnehmern – natürlich nach Anleitung – zu Käse verarbeitet wird. Danach werden die Käse-Sorten aus dem Betrieb verkostet. Durch vier Gänge darf man sich arbeiten. Dazu gibt es selbstgebackenes Bauernbrot.

Die Kostprobe beginnt mit dem Schmalzmüller Gaumenkitzler, einem herzhaften Brotaufstrich, dann folgt schmackhafter Hartkäse in zwei Reifegraden und schließlich noch ein Weichkäse. Für so viel Käse sollte man schon drei Stunden einplanen, und dann noch Zeit für eine kleine Wanderung, um den Käse wieder abzubauen.

Im Ort gibt es das Schloss Schenkenstein. Um 1550 entstand das »neue« Schloss. Erhalten ist noch heute ein Staffelgiebel aus der Renaissancezeit (um 1550).

PFARRKIRCHE SANKT LAURENTIUS /// SCHULSTRASSE 17 /// 90574 ROSSTAL /// 0 91 27 / 5 74 16 (PFARRAMT) /// WWW.EV-KIRCHE-ROSSTAL.DE ///

WEITERE INFORMATIONEN ERTEILT DIE GEMEINDEVERWALTUNG MARKT ROSSTAL /// MARKTPLATZ 1 /// 90571 ROSSTAL /// 0 91 27 / 9 01 00 /// WWW.ROSSTAL.DE ///

ALS DIE KIRCHE NOCH WEHRHAFT WAR

Roßtal: Pfarrkirche Sankt Laurentius

60

Schlachten sind stets gute Merker der Geschichte. 954 hat bei Roßtal eine solche Schlacht stattgefunden, beschrieben von einem Mönch mit Namen Widukind. Mag sein, dass es Roßtal schon früher gab, auch eine Kirche, doch wir wissen es nicht.

Ebenso im Dunkel der Geschichte liegt ein weiterer Kirchenbau von 1012, dessen frühromanische Krypta übrig blieb. Das mächtige Kirchengebäude von heute stammt vermutlich aus dem 12. Jahrhundert, darauf deuten die zum Teil noch romanischen Fenster hin. Der Turm stammt aber erst aus dem frühen 15. Jahrhundert, der Chor entstand noch einige Jahrzehnte später.

1627 fallen Altäre und Grabmäler sowie das gesamte Gewölbe des Langhauses einem Blitzeinschlag zum Opfer, welcher einen Brand auslöste. Nur das Chorgewölbe und das Turmbauwerk blieben weitgehend erhalten. Daher stammt das Langhaus mit den Strebepfeilern und dem Tonnengewölbe aus der Zeit des Neuaufbaus. Das spitze Kirchturmdach hatte einst vier weitere kleine Türmchen. Als der Turm später nochmals von Blitzeinschlägen beschädigt wurde, trug man ihn ab und ersetzte ihn durch eine »welsche Haube« (1769). Im Inneren ist die Kirche schlicht. Zur Reformation wurde sie als Predigerkirche umgebaut.

Besonders beeindruckend ist das Gesamtensemble. Neben der Kirche steht das spätgotische Pfarrhaus aus dem Jahr 1410, erbaut als Teil der Wehranlage des Ortes. Die Verteidigungsanlage war mächtig. Ihre Mauern hatten eine Breite von bis zu zehn Metern. Davor befanden sich Graben und weitere Hindernisse.

Im Pfarrgarten kann man sich heute noch wie in einem Medizingarten informieren. Welche Kräuter gegen welche Beschwerden helfen, ist gut sichtbar dargestellt. Der Pfarr- oder Kirchengarten eignet sich wunderbar zum Feiern. Es ist entspannend und erholsam, im Schatten der Apfelbäume zu sitzen.

Besonders bekannt ist ihr Apfelfest im Herbst. Natürlich gibt es Apfelsaft und Apfelwein, Apfelkuchen und eine Vielzahl von Apfelsorten.

HEILIG KREUZ KIRCHE /// AM FORSTERSBERG 1 ///
90552 RÖTHENBACH AN DER PEGNITZ /// WWW.KIRCHENGEMEINDE.
ROETHENBACH-EVANGELISCH.DE/HEILIG-KREUZ-KIRCHE ///

WEITERE INFORMATIONEN ERTEILT DIE STADT RÖTHENBACH ///
FRIEDRICHSPLATZ 21 /// 90552 RÖTHENBACH AN DER PEGNITZ ///
09 11 / 9 57 50 /// WWW.ROETHENBACH.DE ///

EINE SCHÖNHEIT IN NEUGOTIK

Röthenbach: Heilig Kreuz Kirche

61

Die Heilig Kreuz Kirche ist relativ jung, doch ein äußerst interessantes Beispiel des gründerzeitlichen Sakralbaus. Sie zählt zu den bedeutendsten Pfarrkirchen im Stile der Neugotik.

Im Jahr 1902 beschloss der Kirchenverein, eine Kirche zu erbauen, da die evangelischen Christen keine Lust mehr hatten, zu den Gottesdiensten nach Rückersdorf zu pilgern. Einer der großen Förderer war der Industrielle Conradty. Als der Kirchenverein das Geld zusammen hatte, erhielt der Architekt Heinrich Hauberrisser den Bauauftrag.

1911 läuteten bereits die Glocken, der Innenausbau hingegen dauerte noch eine ganze Weile. Erst 1914 fand die Einweihung statt. Besonders gelobt wird die pneumatische Orgel aus der Nürnberger Orgelwerkstatt von Johannes Strebel. Sie verfügt über 1.784 Pfeifen, 32 Register und zwei Manuale. Ein solches musikalische Kleinod findet sich im gesamten süddeutschen Raum nicht mehr. Zu den Schmuckstücken der Kirche zählen die Jugendstil-Chorfenster sowie der vollkommen aus Marmor gearbeitete Altar.

Als der Zweite Weltkrieg über Deutschland tobte, erhielt auch die Kirche mehrere Treffer. Da die Gemeinde die Jugendstilfenster schon vorher in Sicherheit gebracht hatte, »überlebte« die Kirche weitgehend. Die SS besetzte in den letzten Tagen noch das Gotteshaus, aber die Amerikaner nahmen die Stadt 1946 doch weitgehend ohne Blutvergießen in Besitz. In der Kirche feierte man die ersten Dankgottesdienste nach dem Krieg. Seit 1986 steht sie unter Denkmalschutz. Das nahm die Kirchengemeinde zum Anlass, um die Gewölbemalereien, die weiß überstrichen waren, wieder in ihrer originalen Pracht erstehen zu lassen. Seitdem ist die Kirche in ihrer ursprünglichen Gestalt und Schönheit zu bestaunen. Welch eine Gnade, an diesem Ort in Frieden Andacht feiern zu können.

Beeindruckend und mächtig ist der Backsteinbau des Rathauses. Es beherrscht den Friedrichsplatz und wurde im Jahr 1902 erbaut.

HERRENHAUS RENZENHOF /// HARTMANN-SCHEDEL-STRASSE 1 ///
90552 RÖTHENBACH AN DER PEGNITZ-RENZENHOF ///

WALDGASTHOF AM LETTEN /// LETTEN 13 ///
91207 LAUF AN DER PEGNITZ /// 0 91 23 / 95 30 ///
WWW.WALDGASTHOF-AM-LETTEN.DE ///

INNEN PSYCHOTHERAPIE, AUSSEN WEISSBIER

Röthenbach-Renzenhof: Herrenhaus

62

Im kleinen, ruhigen Renzenhof steht ein kastenartiges Gebäude, ehemals ein Herrenhaus, das fasziniert. Das massive vierstöckige Haus, erbaut um 1600, gleicht eher einem Wohnturm. Es wird auch als Forsthube bezeichnet, was bedeutet, dass im Herrenhaus wahrscheinlich der Wildhüter lebte.

Die Forsthube Renzenhof mit allen Bauten und Feldern blieb nie lange in Besitz einer Person oder einer Familie, sondern die Eigentümer wechselten permanent. An diesem Beispiel erkennt man, dass im Mittelalter Grundbesitz eine strategische Geldanlage war, die eben bei Gelegenheit auch verkauft werden wollte – mit einem erhofften Gewinn. Erst ab 1514 kehrte eine gewisse Beständigkeit ein, denn die Familie Fürer von Haimendorf übernahm für einige Jahrhunderte.

Das Herrenhaus hatte damals noch einen Treppenturm, denn irgendwie musste man ja in die oberen Stockwerke gelangen. Später fügte man das heute noch vorhandene Renaissance-Portal mit toskanischen Säulen hinzu. Zum Haus gehörte ein Wirtschaftshof mit einem Pferdestall. In diesem lebte das Personal, dort lagerten die Geräte und auch die Ernte. Das Herrenhaus überlebte einige Kriege ziemlich unversehrt, ein Zeichen, dass Renzenhof fernab der Kriegsszenerie lag.

1847 verkauften die von Haimendorfs das Anwesen an die Industriellenfamilie Conradty. Heute ist das Haus immer noch in Privatbesitz. Es kann also nicht besichtigt werden. Höchstens wenn man die Dienste einer Praxis für Psychotherapie, Traumatherapie, Beratung und Coaching in Anspruch nimmt. Dies ist zwar ein etwas ungewöhnlicher Praxis-Ort, aber vielleicht lockert gerade dieses Ambiente die Patienten. Nach einer anstrengenden Therapiestunde kann man sich jedenfalls gegenüber, im Gasthaus zum Jägerheim, in einem netten Biergarten ein Weißbier zur Entspannung gönnen.

Renzenhof gehört zu Röthenbach an der Pegnitz und hat nicht mehr als 230 Einwohner. Über Himmelgarten Richtung Lauf erreicht man den Waldgasthof am Letten. Dort lässt sich gut speisen und übernachten.

ALTES RATHAUS SCHNAITTACH /// MARKTPLATZ 1 ///
91220 SCHNAITTACH /// 0 91 53 / 40 90 /// WWW.SCHNAITTACH.DE ///

IM HERZEN DES STÄDTCHENS

Schnaittach: Altes Rathaus

63

Schnaittach hat Flair. Es liegt im Landkreis Nürnberger Land und ist knappe 8.000 Einwohner stark. Bei einem Spaziergang stößt der Besucher unweigerlich auf den Marktplatz und dabei auf das Rathaus. Es ist, wie es sich in Franken gehört, der Mittelpunkt.

Der Vorgängerbau stand zunächst am Unteren Marktplatz, wurde aber im Laufe der Zeit baufällig, so dass man ihn abreißen musste. Daraufhin besaßen die Schnaittacher 83 Jahre lang kein Rathaus. Anscheinend vermissten sie es in dieser Zeit nicht. Irgendwann aber doch, denn 1892 bauten sie am Oberen Tor ein neues Rathaus im Neurenaissancestil. Kaum stand es, war es auch schon zu klein. Aus diesem Grund beschlossen die Räte eine Erweiterung – in den Spiehl-Hof hinein. 1992 wurde es noch einmal modernisiert. Nun strahlt es durchaus eine gewisse moderne Eleganz aus und ist gleichzeitig architektonisch ein historisches Vermächtnis.

Am Marktplatz, als Mittelpunkt des Ortes, standen die wichtigsten Bürgerhäuser. An seinem unteren Ende erhebt sich seit 1385 die katholische Pfarrkirche St. Kunigund. Der Turm ist der älteste Teil, gotisch gestaltet. Im 17. Jahrhundert barockisierte man fleißig. 1933 war die Kirche endgültig zu klein, weshalb man das Kirchenschiff einriss und einen neuen Kirchen-Korpus zwischen gotischem Turm und Chor baute, was etwas gewagt wirkt.

Von der Kirche aus gelangt man zur Mühlgasse, wo in wenigen Schritten Entfernung das schönste Fachwerkhaus von Schnaittach steht. Es trug den Namen »Zu den Engeln«, ehemals eine Garküche und Metzgerei, seit 1661 in Familienbesitz und heute wunderbar renoviert. In der Mühlgasse wohnten einst und wohnen heute noch Handwerker und Arbeiterfamilien. Im Rathaus haben sie damit ihre historische Verantwortung bewiesen.

Der Schnaittacher Geschichtsweg bietet Ortsgeschichte anhand von 30 informativen Tafeln. Er verweist auf wichtige historische Gebäude im Ort. Informationen hierzu gibt es am Alten Rathaus.

DER JUDENFRIEDHOF BEFINDET SICH AM NÖRDLICHEN ORTSRAND RICHTUNG DEUENBACH, AUF DER RECHTEN SEITE IN DER BADERSTRASSE, GEGENÜBER DEM ANWESEN: BADERSTRASSE 10 /// 91626 SCHOPFLOCH ///

WEITERE INFORMATIONEN ERHALTEN SIE BEI DER GEMEINDEVERWALTUNG SCHOPFLOCH /// FRIEDRICH-EBERT-STRASSE 15 /// 91626 SCHOPFLOCH /// 0 98 75 / 9 79 50 /// WWW.MARKT-SCHOPFLOCH.DE ///

VERFALLENDE STEINE IM SCHATTEN DER BÄUME

Schopfloch: Judenfriedhof

64

Der Schopflocher Judenfriedhof liegt hinter einer moosbewachsenen Mauer versteckt, im Schatten eines dichten Baumbestandes. Als er 1612 angelegt wurde, gab es noch keine Bäume, dafür Sumpf und Morast, denn die Juden erhielten damals für ihre Friedhöfe nur wertloses Brachland, außerhalb der Ortschaften. Er war einer der ersten jüdischen Friedhöfe im Frankenland und nahm viele Verstorbene aus der weiteren Umgebung auf, aus Dinkelbühl, Feuchtwangen, Crailsheim … Die letzten Beisetzungen erfolgten 1938. Insgesamt befinden sich noch 1.172 Grabsteine unter den Bäumen. Da ein jüdischer Friedhof als Ort der Stille gilt, keinen Blumenschmuck kennt und die Gräber in ihrem Zustand belassen werden, sind viele Grabstelen umgefallen, versunken.

Die Entstehung der jüdischen Gemeinde von Schopfloch geht wohl auf vertriebene Juden aus Nördlingen zurück, die sich 1507 in Schopfloch niederließen. Eine jüdische Gemeinde ist seit 1561 dokumentiert. Es gab sogar zwei Gemeinden, die sich erst im 19. Jahrhundert zusammenschlossen. Die Statistiken besagen, dass 1670 im Ort 25 jüdische Personen lebten, 1785 zählte man 217. Anfang des 19. Jahrhunderts gehörte über ein Viertel der Einwohnerschaft der jüdischen Gemeinde an – eine Blütezeit. Die Juden betätigten sich als Pferde- und Viehhändler, als Stoff- und Kleinwarenhändler sowie als Hausierer, die nichts anderes als Händler waren. In Schopfloch existierte neben dem Friedhof einst eine Synagoge, eine jüdische Schule und ein rituelles Bad. 1679 wurde die erste Synagoge gebaut, 1877 eine neue in der ehemaligen Judengasse.

Die traurige Geschichte ist bekannt: Die Juden wurden vertrieben, mussten auswandern, wurden in die Konzentrationslager geschleppt; die Synagoge angezündet (1938), zerstört, abgebrochen. Erhalten ist lediglich der Judenfriedhof.

Kaum zu glauben, aber Schopfloch ist eine der Fastnachtshochburgen in Franken. In der Faschingszeit werden beliebte Sitzungen von der Fastnachtsgesellschaft Medine abgehalten. Der Name ist interessant. Er leitet sich ab von lachoudisch, wie man hier einmal sprach und bedeutet Heimat.

FRANZOSENKIRCHE /// BOXLOHE 14 /// 91126 SCHWABACH ///

WEITERE INFORMATIONEN ERHALTEN SIE BEI DER TOURIST-INFORMATION SCHWABACH /// KÖNIGSPLATZ 1 /// 91126 SCHWABACH /// 0 91 22 / 86 02 41 /// WWW.SCHWABACH.DE ///

WO MAN BIS 1857 AUF FRANZÖSISCH PREDIGTE

Schwabach: Franzosenkirche

65

Im Fränkischen gab es einst weitblickende Staatsmänner: die Markgrafen von Brandenburg-Ansbach. Sie stellten fest, dass sie zur Entwicklung ihrer Ländereien innovative Menschen benötigten. Zeitgleich wurden in Frankreich die calvinistischen Hugenotten aus dem Land geworfen, welchen die Markgrafen eine neue Heimat zusicherten. Darunter befanden sich hochqualifizierte Handwerker wie Bortenmacher, Handschuhmacher. Die Zugezogenen durften sich eine eigene Kirche bauen: die Franzosenkirche.

Die ersten Flüchtlinge kamen 1685 in Ansbach und Umgebung an. 1686 wurde Schwabach als Wohnort für alle Hugenotten im Fürstentum Ansbach bestimmt. Als den Neuankömmlingen erlaubt wurde, eine Kirche zu errichten, machten sie sich tatkräftig ans Werk. Noch im gleichen Jahr legten sie den Grundstein für die Franzosenkirche. Die Markgrafen stellten sogar die Steine zur Verfügung, die aus dem Abbruch der Burg Kammerstein stammten. 1687 konnte die erste und noch existierende Kirche, die von Hugenotten im heutigen Deutschland errichtet wurde, eingeweiht werden. Bis 1857 fanden die Gottesdienste noch in französischer Sprache statt. Gegen Ende des 17. Jahrhunderts hatten von den 3.800 Einwohnern Schwabachs rund 500 eine französische Abstammung.

Obwohl sie in der Barockzeit erbaut wurde, ist die Franzosenkirche nüchtern gehalten, ohne allen Zierrat: ein schlichter Bau mit Glockenturm über der Eingangstür. Einziger äußerer Schmuck bildet das Wappen des Markgrafen Christian Albrecht von Brandenburg-Ansbach. Der Turm mit der barocken Haube sowie die Glocke wurden 1774 zugefügt, die erste Orgel im Jahr 1801. Wie in reformierten Kirchen üblich, gibt es keinen Altar. An der Stirnseite steht nur ein großer Tisch, auf dem eine Bibel liegt.

☞ Noch eine Kirche gefällig? Die Spitalkirche am Spitalberg. Neben Gottesdiensten finden hier auch Konzerte und Kunstveranstaltungen statt.

RATHAUS SCHWABACH /// KÖNIGSPLATZ 1 /// 91126 SCHWABACH ///
0 91 22 / 86 02 41 /// WWW.SCHWABACH.DE ///

DIE VISITENKARTE DER GOLDSCHLÄGER

Schwabach: Rathaus

66

Das Rathaus in Schwabach wirkt wuchtiger als es ist. Das liegt an der Stadtkirche, die sich direkt dahinter befindet, so dass Rathaus und Stadtkirche gemeinsam die Silhouette auf dem Marktplatz prägen. Im Jahr 2002 hat man das Rathaus gründlich renoviert, so dass es heute schmuck anzusehen ist. Direkt daneben befinden sich ein kleiner Teil der Stadtverwaltung und das Bürgerbüro, Anlaufstelle für alle Schwabacher. Die größte Kostbarkeit stellt der »Goldene Saal« dar, der als Sitzungssaal genutzt wird. Sehenswert ist das goldene Fries. Aber auch die moderne Technik kann sich sehen lassen.

Das heutige Rathaus wurde 1528/29 erbaut, wenngleich es diverse Umbauten erdulden musste. So stammen zum Beispiel das Zierfachwerk am Nordflügel sowie der Anbau eines Chörleins aus Holzschnitzwerk aus den Jahren 1901–1904.

Bei der Sanierung des Gebäudes gestattete sich die Stadt die goldenen Dächer auf den beiden Türmchen des Rathauses. Die Finanzierung erfolgte durch Bürger und Freunde der Stadt, wobei das nicht ganz ohne Eigennutz war: Die Dächer wurden mit Schwabacher Blattgold belegt und sind somit eine Visitenkarte für die Goldschlägerstadt Schwabach.

Rathaus und Stadtkirche haben fast den gleichen Jahrgang. Die gotische Stadtkirche wurde 1495 fertiggestellt und ist, wie ihre Vorgängerin, den beiden Heiligen Johannes und Martin geweiht. Der 71 Meter hohe Stadtkirchturm gilt heute noch als Wahrzeichen von Schwabach. Ein Jahr jünger als das Rathaus ist das Amtmannshaus aus dem Jahr 1527 schräg gegenüber. Um diese Zeit hatte Schwabach an die 1.500 Einwohner und war eine blühende, wohlhabende Kleinstadt mit einem selbstbewussten und aufstrebenden Bürgertum. Das Goldschlägerhandwerk hatte ihren Wohlstand begründet.

Der glorreichen Vergangenheit gedenkt man jedes Jahr mit der Goldschlägernacht. Die zahlreichen Attraktionen und Veranstaltungen führen alle auf die Spur des Goldes.

GROLANDSCHER/ALTER SITZ /// SCHWAIGER STRASSE 18 ///
90571 SCHWAIG BEI NÜRNBERG-BEHRINGERSDORF ///

WEITERE INFORMATIONEN ERHALTEN SIE BEI DER
GEMEINDE SCHWAIG /// GARTENSTRASSE 1 ///
90571 SCHWAIG BEI NÜRNBERG /// 09 11 / 50 09 90 ///
WWW.SCHWAIG.DE ///

WOHNTURM MÜSSTE TUCHER-SITZ HEISSEN

Schwaig bei Nürnberg: Grolandscher oder Alter Sitz

67

Er ist durchaus alt-ehrwürdig, der »Alte Herrensitz«. Im 16. Jahrhundert erhielt er den Namen »Grolandscher Sitz bei der Kirche«, weil im 15. Jahrhundert ein Anton Tucher den »Sitz beim Kirchhof« an Wolf Groland verkauft hatte.

Es handelte sich um einen Wohnturm, so wie Herrenhäuser oder Sitze damals beschaffen waren. Er besaß zwei Obergeschosse. Im Erdgeschoss befand sich ein Gewölberaum, in dem wahrscheinlich – unter anderem – Wein gelagert wurde.

Im Zweiten Markgrafenkrieg 1552 wurde der Turm weitgehend zerstört. Zusammen mit den landwirtschaftlichen Gebäuden und einem zweigeschossigen Wohnhaus verkaufte Philipp Geuder die Ruine 1580 an Christoph Tucher. Also zurück in Tucher-Besitz. Die Bezeichnung »Grolandscher Sitz« blieb jedoch, denn Namen leben manchmal länger als die Träger.

Die Gebäude wurden als Ställe und Wirtschaftsgebäude genutzt, man zeigte zunächst keine Absicht, den Turm wiederaufzubauen. Erst 1660 erfolgte der erste Wiederaufbau-Versuch. Erfolgreich war dieser erst im zweiten Anlauf 1715. Christoph Wilhelm Tucher investierte 968 Gulden, so kann man nachlesen.

Der »Alte Herrensitz« gehört heute zu einem Ensemble mit der Maria Magdalena Kirche, den Wirtschaftsgebäuden und dem Neuen Schloss. Der neu renovierte Herrensitz ist im Privatbesitz und schön anzusehen. Auch die Kirche wurde neu renoviert. Nun fehlt nur noch dem Neuen Schloss und den Wirtschaftsgebäuden ein frischer Anstrich.

Das Neue Schloss ist übrigens so etwas wie ein Schwarzbau. 1715 reichte der Tucher-Besitzer eine Baueingabe ein, 1717 aber stellten die Behörden fest, dass ein ganz anderer Bau entstanden war. Sie verfügten daher die Baueinstellung. Nun begann ein Behörden-Hickhack. Der Bauherr setzte sich zwar durch, durfte aber erst 1745 weiterbauen.

Vom Alten Sitz sieht man auf den Wiesengrund. Dort lässt sich schön spazieren gehen. Viele Hunde mit ihren Besitzern nehmen dies wahr.

SCHWAIGER SCHLOSS /// SCHLOSSPLATZ 1 ///
90571 SCHWAIG BEI NÜRNBERG ///

WEITERE INFORMATIONEN ERHALTEN SIE BEI DER
GEMEINDE SCHWAIG /// GARTENSTRASSE 1 ///
90571 SCHWAIG BEI NÜRNBERG /// 09 11 / 50 09 90 ///
WWW.SCHWAIG.DE ///

WO DIE KULTUR DER STADT LEBT

Schwaig: Schloss

68

Schwaig war im Mittelalter lediglich ein kleiner Weiler, der vom Zeidelwesen lebte. Nur die Zeidler waren berechtigt, im Lorenzer Reichswald Honig und Wachs zu ernten. So hatte es der Kaiser verfügt. Wann das Schloss erbaut wurde, ist unbekannt. Es ist jedoch dokumentiert, dass der Nürnberger Burggraf es im Jahr 1360 kaufte. Auch andere Nürnberger Patrizierfamilien wurden über eine gewisse Zeit Eigentümer des Hauses.

Die heutige Gestalt erhielt das Schloss aber erst im 17. Jahrhundert, als es im Besitz eines Dietherr von und zu Schwaig war. Er ließ daraus einen sehr harmonisch wirkenden dreigeschossigen Rechteckbau mit einem dominant wirkenden, polygonalen Treppenturm gestalten. Das sieht heute noch gut aus.

So manche Geschichte oder Sage rankt sich um das Schloss. So erzählt man sich von einer »weißen Frau«, die in früheren Zeiten angeblich im Schloss gesehen wurde. Außerdem wurde überliefert, dass vom Schloss ein unterirdischer Gang zum Malmsbacher Schloss führt. Dies konnte jedoch nie bewiesen werden.

1952 war die neu entstandene evangelische Kirchengemeinde in Schwaig dankbar, im Schloss unterzukommen. Sie richtete im Untergeschoss einen Kirchenraum ein, im Obergeschoss eine Pfarr- und eine Mesnerwohnung. Seit 1971 ist die Gemeinde Schwaig Eigentümerin und nutzt das Schloss als Kulturzentrum. Der ehemalige Kirchenraum bietet eine schöne Atmosphäre für Konzerte. Darin lassen sich auch wunderbar Hochzeiten oder Geburtstage feiern. Idealerweise fanden im Nebengebäude sowohl die Volkshochschule als auch die Gemeindebücherei Platz. So ist im Schloss tatsächlich ein kultureller Mittelpunkt entstanden.

Jährlich findet ein öffentliches Fest im Hof als auch im Schloss statt. Dann eilen die Schwaiger Bürger herbei und freuen sich an der gebotenen Kultur.

Es ist ein kurzer Weg hinunter in das Pegnitztal. Die Wiesen und der mäandernde Fluss laden zu einem reizvollen Spaziergang ein.

PETZENSCHLOSS/PETZSCHES SCHLOSS /// SCHLOSSHOF 1 /// 90592 SCHWARZENBRUCK ///

WEITERE INFORMATIONEN ERHALTEN SIE BEI DER GEMEINDE SCHWARZENBRUCK /// REGENSBURGER STRASSE 16 /// 90592 SCHWARZENBRUCK /// 0 91 28 / 9 91 10 /// WWW.SCHWARZENBRUCK.DE ///

Schwarzenbruck: Petzenschloss (auch Petzsches Schloss) 69

Schwarzenbruck ist im Jahre 1025 beurkundet, von einem Schloss war allerdings noch keine Rede. Erst König Sigmund sprach 1425 von »Dorf und Haus« Schwarzenbruck. Das Haus war Privatbesitz. 1502 konnten die Nürnberger nach langen Streitereien das »Haus« übernehmen, in dem sie ein Pflegamt einrichteten. Als allerdings feindliche Truppen im Zweiten Markgrafenkrieg im Mai 1552 das Schloss einnahmen und in Brand steckten, blieb nur noch eine Ruine zurück. Deshalb verkauften sie die Steine wieder an einen Privat-Investor, an Sigmund Pfinzing.

Die Eigentümer wechselten, Familien starben aus, Erbschaften gingen an andere Dynastien. Seit 1876 ist das Schloss im Besitz der Familie Petz von Lichtenhof, die es in ihre Familienstiftung überführte. Bereits Pius Petz erwarb 1582 den heute nach der Familie benannten Herrensitz Petzenschloss in Lichtenhof in Nürnberg (Wirthstraße 74–76). Ihnen wurde gestattet die Patrimonialgerichtsbarkeit auszuüben. Seitdem nannten sie sich Petz von Lichtenhof. Der Herrensitz in Lichtenhof war übrigens 1632, während des Dreißigjährigen Krieges, Hauptquartier des Schwedenkönigs Gustav Adolf.

Von den Petzens hat das Schloss in Schwarzenbruck seinen Namen geerbt: Petzenschloss. Da es Privatbesitz ist, kann man es nicht besichtigen. Aber auch von außen sieht es imposant aus.

Ein Graben schirmt den Bau ab, eine massive Brücke führt darüber. Das Hauptgebäude aus Sandstein ist dreigeschossig, an den Ecken erheben sich vier Zwerchhäuser, die an den Giebelseiten über die gesamte Hausbreite miteinander verbunden sind. Zwei schmale, einachsige Bauten begrenzen den Innenhof. Um das Schloss herum befindet sich eine barocke Einfriedung aus Sandsteinquadern.

Den Petzens gehört noch immer das Schloss. Ob sie dort auch leben, ist nicht bekannt.

Das Schloss ist ein schöner Zwischenstopp, wenn man die Schwarzachklamm erkunden oder wenn man zum Alten Kanal wandern will. Nicht vergessen: den schönen Biergarten am Brückkanal.

SCHLOSS HÜTTENBACH /// AM SCHLOSS 1 ///
91245 SIMMELSDORF-HÜTTENBACH ///

WEITERE INFORMATIONEN ERHALTEN SIE BEI DER
GEMEINDE SIMMELSDORF /// NÜRNBERGER STRASSE 16 ///
91245 SIMMELSDORF /// 0 91 55 / 7 80 /// WWW.SIMMELSDORF.DE ///

ZUM WOHNEN BEREIT

Simmelsdorf-Hüttenbach: Schloss

70

»Privatbesitz« steht an der Mauer. Wir könnten die Bewohner verstehen. Aber wohnt hier jemand? Einen Blick auf das schöne, elegante Schloss kann man trotz der Mauer rundherum erhaschen. Zunächst einmal passt der Bau, der an der höchsten Stelle errichtet ist, bestens in den Ort. Davor breitet sich ein kleiner Platz aus. Ein schmiedeeiserner Brunnen zieht den Blick auf sich, daneben einfache Bürgerhäuser in engen Gassen.

Urkundlich nachgewiesen ist ein Ministerialengeschlecht erst ab 1140. Aus dem 14. Jahrhundert weiß man, dass die Hüttenbacher die Aufpasser über die Veste Rothenberg (ganz in der Nähe) waren.

Wann die ehemalige Wasserburg in Hüttenbach entstanden ist, weiß man nicht so richtig. Hier wohnte zunächst ein Geschlecht der Hilpoltsteiner. Danach ging der Besitz an die Riegelsteiner, dann an die Tucher, die Seckendorffer und die Lochner von Winterstein. In diesen Wechselzeiten ging es um den Burg-Wohnturm, der nur über einen Treppenturm zu begehen war.

Unter den Lochners erfolgte 1766 der Bau des neuen Schlosses, so wie wir es heute bestaunen können: ein dreigeschossiger Massivbau mit Mansardzeltdach und beeindruckender Fassade. Es trat aber weiterhin keine Eigentümer-Ruhe auf. Das Gut war verschuldet und wurde innerhalb der Lochner-Familie mehrmals weitergereicht. Wie zu erwarten, verringerten sich die Schulden dadurch nicht. Als die Linie ausstarb, erwarb 1906 ein Banker das Gut, die Ländereien übernahmen die Tucher. 1934 kaufte ein Verein das Schloss: Schloss Hüttenbach e.V. 1920. Er ist nun für den Bau verantwortlich. Ihm gelang sogar eine Sanierung im Jahr 1990. Neben einem neuen Fundament wurde die Fassade erneuert, die sich nunmehr an den Befunden aus der Bauzeit 1766 orientiert.

Nicht weit entfernt die Veste Rotheberg (1729 bis 1750) bei Schnaittach. Früher war sie ein trutziges, bayerisches Bollwerk gegen Franken und Nürnberg, heute ist sie beliebtes Ausflugsziel.

ARRESTTURM SPALT /// TURMGASSE 1 /// 91174 SPALT ///
0 91 75 / 7 88 24 ///

WEITERE INFORMATIONEN ERHALTEN SIE BEI DER
TOURIST-INFORMATION SPALT /// GABRIELIPLATZ 1 /// 91174 SPALT ///
0 91 75 / 79 65 50 /// WWW.SPALT.DE ///

SPALTER VERGANGENHEIT IN ALTEM GEMÄUER

Spalt: Arrestturm

71

Der Arrestturm, einer der alten Stadttürme in Spalt, stammt aus dem 14. Jahrhundert, ist quadratisch angelegt und hat ein Pyramidendach. Im 14. Jahrhundert bewachten Soldaten von dort aus den Eingang zur Stadt.

Doch im 19. Jahrhundert war die Stadt längst weit über die Stadtmauer hinaus gewachsen. Was konnte man also mit den Türmen anfangen? Historische Mauern und Türme bilden reizvolle Schmuckstücke in einem Stadtbild, aber vielfach auch eine große Herausforderung. Die Nachfahren müssen sich überlegen, wie sie Türme sinnvoll nutzen, damit sie nicht verfallen. Das Städtchen Spalt schützte eine Stadtmauer mit neun Stadttürmen in unterschiedlichen Formen. Sie wurden zu unterschiedlichen Zeiten erbaut, verstärkt oder eingerissen.

Im Arrestturm lebte zunächst der Waldaufseher. Dann wurden die Zupfiani einquartiert. So bezeichnete man die Stromer und Tippelbrüder zu jenen Zeiten. Während der Hopfenernte gab es im Turm drei Räume für solche Hopfenpflücker, die mit dem Gesetz in Konflikt geraten waren. Nach der Ausnüchterung, die in den meisten Fällen erforderlich war, durften die leichteren Fälle wieder zur Arbeit gehen. Die Kriminellen hingegen wurden nach Roth in das Amtsgerichtsgefängnis gebracht.

Heute befinden sich im Turm die Handwerkerstuben, ein kleines Museum, in dem verschiedenste Gegenstände aus den Haushalten Spalter Bürger zu sehen sind; ein Einblick in den damaligen Alltag. Ganz oben gibt es eine Türmerstube, die als Teestube eingerichtet ist. Sie wirkt richtig gemütlich. Zur Adventszeit präsentieren dort Musikanten und Sänger traditionelle Weihnachtslieder. Dies verführt viele Besucher, auf ein Glas Tee hereinzukommen, wobei die Stube nicht viele Gäste fasst. Es ist jedenfalls so urgemütlich, dass manche gar nicht mehr gehen wollen.

☞ Nicht nur die Türme sind sehenswert, auch die Keller. Sie werden zum Adventsmarkt geöffnet. Man kann sie besichtigen und kunstgewerbliche Weihnachtsgeschenke einkaufen.

UM ZUM MÜHLREISIGHAUS ZU GELANGEN, FAHREN SIE AUF DER STAATSSTRASSE ST2223 VON SPALT RICHTUNG WASSERMUNGENAU. DAS MÜHLREISIGHAUS BEFINDET SICH NACH CIRCA EINEM KILOMETER AUF DER LINKEN SEITE.

MÜHLREISIG 2 /// 91174 SPALT-MÜHLREISIG ///

HOPFENBIERGUT – MUSEUM IM KORNHAUS /// GABRIELIPLATZ 1 /// 91174 SPALT /// 0 91 75 / 79 65 50 /// WWW.HOPFENBIERGUT.DE ///

DAS SCHÖNSTE HOPFENLAGERHAUS WEITHIN

Spalt-Mühlreisig: Mühlreisighaus

72

»Hopfen und Malz, Gott erhalt's«: Es ist bekannt, dass Hopfen einer der Hauptbestandteile beim Bierbrauen ist. Und dass der Spalter Hopfen von solch guter Qualität war, dass die Stadt im Jahr 1538 das weltweit erste Hopfensiegel verliehen bekam. Das bedeutete so etwas wie einen »Markenschutz«. Damals ließ sich mit Hopfen viel Geld verdienen. In Nürnberg wurde sogar ein Hopfenmarkt gegründet, der sich zum führenden Welthandelsplatz für Hopfen entwickelte. Dann verlor die Hopfenkultur wieder an Bedeutung, so dass sie auf vielen früheren Anbauflächen Frankens verschwunden ist. Teilweise erinnern nur die noch vorhandenen Hopfenbauernhäuser mit ihren langgezogenen Trockengauben im Dach an vergangene Zeiten. So wie das Mühlreisighaus.

Der Hopfengarten müsse »jeden Tag seinen Herrn sehen«, heißt es. Gemeint sind die vielen Arbeitsschritte, die im Laufe des Jahres erforderlich sind. Die größte Herausforderung ist die Ernte der Hopfendolden, die in der zweiten Augusthälfte beginnt und für mehrere Wochen das Leben der Bauern bestimmt. Es herrscht Zeitdruck: Die reifen Dolden müssen schnell vom Feld gebracht werden, sonst verfärben sie sich und verlieren an Wert. Dann kommen sie auf die Trockenböden in den hohen Dächern der Hopfen-Bauernhäuser.

Eines der schönsten ist das bereits 1746 fertiggestellte Mühlreisighaus. Es liegt ziemlich weit außerhalb von Spalt an der Straße nach Wassermungenau auf dem gleichnamigen Hopfengut. Seine Architektur ist typisch, geprägt von mächtigem Fachwerkgiebel und dem hoch aufragenden Steilsatteldach, darunter die Dachgeschosse für das Trocknen und Lagern. Das Mühlreisighaus ist das schönste Hopfenlagerhaus weithin, aber außer Betrieb. Der rot gestrichene Fachwerkgiebel und das sechsgeschossige gebrochene Steilsatteldach fallen weithin auf.

Mehr über Hopfen erfährt man im Spalter Biermuseum Hopfenbiergut. Auf 1.200 Quadratmetern wird die Welt des Hopfens und des Bieres erlebbar gemacht. Das Gebäude ist ein altes Hopfenlagerhaus.

ZUM STARTPUNKT DES ARCHÄOLOGISCHEN WALLS GELANGEN SIE, WENN SIE VON WERNFELS, AM BESTEN OBEN AN DER BURG VORBEI, NACH THEILENBERG FAHREN.
AN DER KIRCHE LINKS IN DEN WALD ABBIEGEN.

THEILENBERG 18 /// 91174 SPALT-THEILENBERG ///

EIS VOM WERZINGERHOF /// PFAHLER EIS WERNFELS /// STIEGELMÜHLER STRASSE 10 /// 91174 SPALT /// 0 98 73 / 12 05 /// WWW.PFAHLER-EIS.DE ///

STEINE BEZEUGEN EINE REICHE GESCHICHTE

Spalt-Theilenberg: Archäologischer Wall

73

Von der mächtigen spätkarolingisch-ottonischen Burganlage in Theilenberg ist recht wenig übriggeblieben, außer dem Archäologischen Wall, der heute noch zu besichtigen ist. Aber dennoch ist es ein Hochgefühl, wenn man vor so alten Steinen steht und sagen kann: Hier haben vor 12 Jahrhunderten unsere Vorfahren gelebt. Es ist immer wieder erstaunlich, dass sie sich bereits Orte herausgesucht haben, die wir heute ebenso attraktiv finden: Höhenlagen mit einer wunderbaren Rundsicht über das fränkische Land.

Im Jahr 1998 hat man in Theilenberg kräftig gegraben und dabei die Steine, die zu einem Befestigungswall gehören, ans Tageslicht befördert. Im 9. Jahrhundert entstand hier die erste Burg, dann gab es eine Brandkatastrophe, worauf die Burg verfiel. Sie diente damals nicht vornehmlich der Verteidigung, sondern als Verwaltungszentrum für ein großes Gebiet. Hierher wurden die Ritter und Knechte gerufen, wenn es darum ging, ein Heer für den Krieg zusammenzustellen. Wegen der zu erwartenden Menschenmassen blieben große Flächen innerhalb des Walls unbebaut. Die Ritter kamen, wenn sie gerufen wurden, und biwakierten hier. In Krisenzeiten fungierte die Anlage natürlich als Schutz, eine Fliehburg für die Bauern der Umgebung.

Nun stehen wir ehrfürchtig vor den Mauerresten der Wallanlage, die natürlich einen Namen trug: die Burg des Thilo. Daraus leitet sich der Name des Ortes ab: Theilenberg. Urkundlich wurde er 1058 erstmalig als Tilenburc erwähnt.

Der Ort wartet mit einer imposanten katholischen Pfarrkirche auf. Gar nicht weit entfernt von Theilenberg (von hier hat man den besten Blick) erhebt sich die Burg Wernfels, heute eine Jugendburg. Dieses Schmuckstück ist immer noch beeindruckend. Die Jugendlichen, die hier Freizeiten erleben, schwelgen in alten Rittergeschichten.

Das Eis vom Werzingerhof ist bekannt. Verarbeitet werden die eigenen Produkte. Dazu frische Milch und Sahne von den eigenen Kühen! Und Obst aus der Region. www.pfahler-eis.de

DER OSTEREIERWEG FÜHRT ENTLANG DER STRASSE »GUTZBERGER TAL«. DER STARTPUNKT IST AUF DER GUTZBERGER DORFSTRASSE /// 90547 STEIN-GUTZBERG ///

WEITERE INFORMATIONEN ERHALTEN SIE BEIM RATHAUS DER STADT STEIN /// HAUPTSTRASSE 56 /// 90547 STEIN /// 09 11 / 6 80 10 /// WWW.STADT-STEIN.DE ///

WENN DER OSTERHASE KREATIVITÄT ZEIGT

Stein-Gutzberg: Ostereierweg

74

Die Gutzberger sind ziemlich kreativ. Sie schufen den Ostereierweg mit verschiedenen geschmückten Stationen. Hölzerne Osterhasen weisen den Weg entlang der Straße am Gutzberger Tal. Organisiert und bestückt wird der Ostereierweg von den Mitgliedern des Vereins »Dorfgespräch Gutzberg e.V.«. Mitten auf dem Brunnenplatz steht ein gebundenes Kreuz, verziert mit Eiern, auf die biblische Sprüche gemalt sind. Doch es gibt mehrere Stationen, die mit fantasievoll gestalteten Eier-Collagen ausgestattet sind. Denn die Gutzberger betonen: Auch der Osterhase versteckt seine Eier nicht nur an einem Ort.

An der Station »Gutzberger Ei« gibt es Eier, auf denen alle Gutzberger Häuser abgebildet sind. An der Station »Baum-Ei« sind auf den Eiern Blätter und Früchte der heimischen Bäume dargestellt. An der Station »Brauerei-Ei« kann sich der Besucher über die Brauereien der Region informieren. Die Eier der Station »Tier-Ei« sind mit Nutz- und Wildtieren vom Land bemalt. An der Station »Nostalgie-Ei« kann man verschiedene Reklameschilder und Traktoren aus der guten alten Zeit bewundern – natürlich gemalt mit Pinsel und Acrylfarben auf Ostereier.

Und es gibt noch mehr zu sehen. Es ist ein Spaziergang, der einem ein ganz neues Ostergefühl vermittelt.

Haben Sie von Gutzberg schon einmal etwas gehört? 1303 lautete der Name noch »Volkolzdorf«. Die Einwohner nennen den Ort »Perle von Stein«, womit die regionale Zugehörigkeit beschrieben wäre. Wichtigste Sehenswürdigkeit ist das »Schwarzwälderhaus«, ein Bauernhaus, das durch seine breite Giebelfront an ein Haus im Schwarzwald erinnert. Das Haus stammt mit großer Wahrscheinlichkeit aus dem 17. Jahrhundert und dürfte über 300 Jahre alt sein. Es gibt noch mehr denkmalgeschützte Häuser im Ort.

Als eine der ersten Gemeinden im Landkreis Fürth gab Gutzberg seine kommunale Selbstständigkeit auf und wurde 1972 Stein bei Nürnberg eingegliedert. Ein guter Anlass für einen Spaziergang durch Stein.

PYRASER LANDBRAUEREI /// PYRAS 26 ///
91177 THALMÄSSING-PYRAS /// 0 91 74 / 4 74 70 ///
WWW.PYRASER.DE ///

PRICKELNDES AM JAKOBSPILGERWEG

75

Thalmässing-Pyras: Pyraser Landbrauerei

Die 200 Einwohner von Pyras gehören zu Thalmässing, im Norden des Gemeindegebiets. Der Ort liegt am Minbach, ist idyllisch umrahmt von Hecken, Wiesen, Feldern und Weihern und lockt die Gäste mit dem Bier aus der heimischen Brauerei. Der Ortsname (»Biraiz«) kommt aus dem Mittelhochdeutschen und wird mit »Wilde Weide« übersetzt. Im Jahr 1297 ist er urkundlich erwähnt, ansonsten findet sich wenig Historisches. Allerdings liegt er am Jakobspilgerweg Nürnberg-Eichstätt.

Pyras ist stolz auf seinen Slogan: »Ein kleines Dorf im Frankenland – ist durch sein gutes Bier bekannt«. Deswegen rasten die Pilger auch gerne hier. Es geht also hauptsächlich um das Bier und um die Brauerei.

Schon 1749 kaufte Johann Adam Bernreuther den Bauernhof in Pyras. Er war zunächst Bauer. Aber 1868 geschah die Geschichte mit dem Nonnenfalter. Lymantria monacha lautet sein lateinischer Namen. Der gefährliche Forstschädling hatte sich um 1865 in den fränkischen Wäldern massenhaft vermehrt. Auch Bernreuther, der »Angerwirt«, war einer der Betroffenen. Der größte Teil seiner kahlgefressenen Bäume musste der Axt zum Opfer fallen. Er versuchte, das geschlagene Holz an den Mann zu bringen. Doch, es gab einfach zu viel davon. Nicht einmal sein Bierlieferant wollte es ihm abnehmen. Darüber wurde der »Angerwirt« so grantig, dass er sich eine eigene Brauerei erbaute. 1870 wurde das erste Mal mit Pyraser Bier angestoßen. Der Gutshof der Bernreuthers steht noch heute. Das alte Gutshaus mit dem markanten hellen fränkischen Sandstein ist das Zentrum des Ortes. Hier befindet sich die Verwaltung der Brauerei.

Das Brauereifest, das Brunnenfest, das Rockfestival, das Sonnwendfeuer und das Kinderfest gehören zu den alljährlichen Highlights. Dazu gibt's natürlich immer das Pyraser Bier – in Strömen.

»Liebe im Kornfeld« ist eine Bierspezialität, die Weizen-, Dinkel-, Gersten-, Roggen-, Hafer- und Emmermalz zu einer harmonierenden Malzbasis vereint. Hinzu kommt der Aromahopfen »Spalter Select«.

ÜBERRESTE DES KANALS »FOSSA CAROLINA« SIND IN DER KARLSGRABENSTRASSE ZU SEHEN.

KARLSGRABENAUSSTELLUNG /// HÜTTINGER-SCHEUNE /// KARLSGRABENSTRASSE /// 91757 TREUCHTLINGEN-GRABEN /// 0 91 42 / 86 17 ///

FLUSSWEG ALS HISTORISCHER HOT SPOT

Treuchtlingen: Kanal »Fossa Carolina«

76

Sonderlich viel ist über den Kanal »Fossa Carolina« nicht bekannt. Tatsache ist, dass Karl der Große 793 den Bau eines Kanals in Auftrag gab. Dieser sollte die beiden Flüsse Altmühl und Schwäbische Rezat verbinden und damit die europäische Wasserscheide überwinden. Eine Herausforderung von drei Kilometern Länge.

Mit dem Kanal wollte der Kaiser den Schiffsverkehr in den Norden des damaligen deutschen Reiches ermöglichen, ähnlich wie es viel später mit dem Main-Donau-Kanal gelang. Man kann wohl davon ausgehen, dass den Kaiser nicht nur wirtschaftliche, sondern vor allem militärische Gründe dazu bewegten. Denn auf dem Flussweg ließ sich ein Heer schneller durch das Reich befördern. Doch die Historiker sind sich nicht einig.

Ebenso über den Erfolg streiten sich die Gelehrten. Die einen behaupten, unglückliche Boden- und Witterungsverhältnisse hätten zum Abbruch des Projekts geführt. Andere behaupten, dass der Kanal fertiggestellt und benutzt wurde. Da der Bedarf jedoch nicht sonderlich groß gewesen wäre, hätte man seinen Betrieb bald wieder eingestellt. Es gibt weitere Stimmen, die behaupten, der Kanal sei länger in Gebrauch gewesen.

Heute bewerten wir die »Fossa Carolina« als eines der größten ingenieurgeologischen Bauprojekte des Mittelalters. Sie ist das wohl bedeutendste Boden-Denkmal aus karolingischer Zeit in Franken.

Heute liegt der See mit einer grünen Algendecke malerisch am Dorfende. Bänke laden zur Rast ein. Bei einer Wanderung am Kanal entlang kann man sich einen Eindruck von den geologischen Schwierigkeiten verschaffen, mit denen die Kanal-Bauer zu kämpfen hatten. Da es noch keine Schleusen gab, mussten die Kähne den Niveauunterschied auf Rutschen oder Rollen überwinden – eine sicherlich mühselige Prozedur.

Wer mehr wissen will, kann die Karlsgrabenausstellung in der »Hüttinger-Scheune« besuchen. Es wird anschaulich, unter Einsatz neuer Medien, über den Karlsgrabenbau vor über 1.200 Jahren berichtet.

EUROPÄISCHE WASSERSCHEIDE TREUCHTLINGEN ///
KARLSGRABENSTRASSE 30 /// 91757 TREUCHTLINGEN-GRÖNHART ///

WETTELSHEIMER KELLER /// TREUCHTLINGER STRASSE ///
91757 TREUCHTLINGEN-WETTELSHEIM /// 0 91 42 / 77 40 ///
WWW.WETTELSHEIMER-KELLER.DE ///

BRUNNEN SPEIST ZWEI RINNSALE

Treuchtlingen-Grönhart: Europäische Wasserscheide

77

Die Alteingesessenen Grönharter behaupten: »Bei uns gibt es ein Haus, dessen Dachwasser auf der einen Seite in die Nordsee, auf der anderen Seite in das Schwarze Meer gelangt.« Das ist zwar so nicht richtig, aber der Ortsteil von Treuchtlingen befindet sich in der Tat an der südlichsten Stelle der europäischen Wasserscheide. In unmittelbarer Nähe des Dorfes gibt es einen Brunnen von 1935, der 1984 an den jetzigen Standort versetzt wurde. Genau an dieser Stelle, so lautet die Definition, verläuft die europäische Wasserscheide. Der Brunnen speist zwei Rinnsale. Das eine fließt über die Altmühl zur Donau, das andere über die Rezat und den Main in den Rhein.

Wir inspizieren den Brunnen mit der quadratischen Steinsäule in der Mitte. Auf drei Seiten dieser Säule sind Reliefdarstellungen eingemeißelt. Sie nehmen Bezug auf den Text der vierten Seite der Stele. Er kündet etwas pathetisch: »Hier – wo sich die Wasser scheiden – Hin zur Donau, hin zum Rhein – / – Und wo Fossa Carolina – wollt vermählen Ost und West: Hier entstand der neuen Zeiten – / – Neuer Menschheit neue Diener.«

Man kann jedenfalls mit Neugierde dem Wasser nachspüren. Vom Brunnen windet sich ein kleines Rinnsal Richtung Bahndamm und Bahnwärterhaus. Dort biegt es nach Süden um, in das Bett des Kanals, zur »Fossa Carolina«. In Rohren durchquert es die Ortschaft und als Bächlein mündet es in die Altmühl. Ein anderes Rinnsal führt zum Umspannwerk Grönhart, mündet bald in die Schwäbische Rezat, die mit der Fränkischen Rezat die Rednitz, diese wiederum mit der Pegnitz die Regnitz ergibt und im Main schließlich dem Rhein zueilt. Die Schüler mussten das einmal auswendig lernen. Munter pumpen die Besucher Wasser mit dem Schlegel.

☞ Am Waldrand zwischen Wettelsheim und Treuchtlingen befindet sich der Wettelsheimer Keller, 1850 erbaut und bewirtschaftet. Der Biergarten ist wegen des herrlichen Ausblicks auf das Altmühltal beliebt.

FINANZAMT UFFENHEIM /// SCHLOSSPLATZ 7 /// 97215 UFFENHEIM ///
WWW.FINANZAMT-UFFENHEIM.DE ///

WEITERE INFORMATIONEN ERTEILT DIE STADTVERWALTUNG UFFENHEIM ///
MARKTPLATZ 16 /// 97215 UFFENHEIM /// 0 98 42 / 20 70 ///
WWW.UFFENHEIM.DE ///

EIN AMTSGEBÄUDE MIT PFIFF

Uffenheim: Finanzamt

78

Es ist durchaus selten, dass man empfiehlt, ein Finanzamt zu besichtigen. So geschieht es aber in Uffenheim, 1349 zur Stadt gekürt. Die Grafen von Hohenlohe bauten an dieser Stelle das erste Wasserschloss. Dann residierten am Ort die Burggrafen von Nürnberg. Als diese zu Kurfürsten von Brandenburg-Preußen ernannt wurden, gehörte Uffenheim zu Preußen.

Das Wasserschloss wurde durch einen Brand zerstört und im 17. Jahrhundert wieder aufgebaut. 1806 vereinnahmte das Königreich Bayern die Stadt und damit auch das Schloss, in dem 1815 der bayerische Staats- und Finanzminister Graf von Montgelas ein »Königlich Bayerisches Rentamt« errichtete. Damit zog in das Schloss die »Behördenwelt« ein. Das Landgericht fand Platz und auch das Bezirksamt. Die Bürger gingen auf das Schloss, wenn sie vom Staat etwas benötigten.

Seit 1972 ist die Steuerverwaltung alleiniger Herr über das Schloss. Es liegt sehr zentral, beim mittelalterlichen Kern der Stadt. Der Zugang zum Gebäude erfolgt vom Schlossplatz aus über einen gemauerten Dammweg, über den trockenen Wassergraben. Die Steuerbehörde ließ gründlich renovieren und modernisieren. 1986 waren der Schlossinnenhof und der Dammweg wieder in historischer Form gepflastert und durch Pflanzbeete aufgelockert.

Dann stellte man jedoch fest, dass ein Schlossgebäude für eine moderne Behörde nicht so geeignet ist: wegen mangelnder Tragkraft der historischen Holzbalkendecken, kleinen Zimmern, Schimmelbildung an den Wänden und Problemen mit der Feuchtigkeit. Deshalb baute man 2005 am Schlossplatz einen modernen Bau in Glas und Stahl. Und weil man dabei war, erhielt das Schloss gleich eine umfassende Schönheitskur.

So entstanden zwei Highlights auf einen Streich: ein moderner Komplex mit Denkmal und ein renoviertes historisches Schloss.

Die Finanzbeamten gehen in der Mittagspause in die La Locanda Pizzeria oder in die Pizzeria Calabria. Am Ende des Marktplatzes kann man im Landgasthof Lichterhof auch noch »ritterlich« speisen.

EISCAFÉ »GIRA SOLE« /// AM DORFPLATZ 2 /// 90587 VEITSBRONN /// 09 11 / 2 01 75 32 ///

GASTSTÄTTE »IM HAMESBUCK« /// OBERMICHELBACHER STRASSE 40 /// 90587 VEITSBRONN /// 09 11 / 75 41 11 ///

EIN BAHNHOF, EINE KIRCHE, EIN EIS

Veitsbronn: Eiscafé »Gira Sole«

79

In Veitsbronn gibt es zwei historische Gebäude. Das eine ist der Bahnhof, der aber schon in Siegelsdorf liegt, das mit Veitsbronn eine Verwaltungsgemeinschaft bildet. Beim anderen Gebäude handelt es sich um die Veitskirche, hoch oben auf dem Hügel über dem Ort. Seit dem 14. Jahrhundert ist sie Wallfahrtskirche.

Der Bahnhof erlangte im Jahr 1928 traurige Berühmtheit durch einen Eisenbahnunfall. Der Nachtzug D47 entgleiste beim Überfahren der Zenngrundbrücke kurz vor der Einfahrt in den Bahnhof Siegelsdorf. Das Ergebnis: 24 Tote, mehr als 100 Verletzte. Der Bahnhof ist ein dreigeschossiger Sandsteinquaderbau mit flachem Satteldach, stammt aus dem Jahr 1865 und steht seit einiger Zeit unter Denkmalschutz.

Über die Veitskirche wird 1797 bekundet, dass sich in ihr ein kleines, hölzernes, mit einem »Hemadla« angetanes Männchen befinde. Gemeint ist wahrscheinlich das spätgotische Holzschnitzwerk im kleinen Veitsaltar. Das »Hemadla« (Hemdchen) war eine damals gebräuchliche Gabe frommer Pilger. Die Verehrung des Heiligen bewirkte, dass diese Kirche, an deren Fuße eine Quelle sprudelt, dem Heiligen Veit geweiht wurde und dem dazugehörigen Ort den Namen »Veitsbronn« gab.

Und fast zwischen Bahnhof und Kirche, bei der Quelle, kreuzen sich einige Straßen, die durch Veitsbronn führen. Irgendwie fand sich dort sogar noch Platz für eine kleine Grünanlage, in der sich stets Spaziergänger einfinden. Vielleicht weil ein mächtiger Baum Schatten spendet, vielleicht weil die Bänke zum Ausruhen einladen. Nein. Sondern weil es in einer kleinen Holzhütte das beste Eis von Mittelfranken gibt. Sergio ist Künstler und Eisschöpfer. Wenn er nicht gerade Eis macht, schnitzt er aus Holz Statuen und Skulpturen.

Auf der Fahrt nach Obermichelbach sieht man linker Hand die Karpfenweiher, rechts den Sportplatz mit seiner Wirtschaft »Im Hamesbuck«, die deftige, gute und reichhalte Kost bietet.

HEUHOTEL FISCHBECK /// HAUPTSTRASSE 27 /// 91247 VORRA ///
0 91 52 / 92 15 29 /// WWW.HEUHOTEL-FISCHBECK.DE ///

SCHULLANDHEIM »SCHLOSS VORRA« /// HIRSCHENBACHER STRASSE 2 ///
91247 VORRA /// 0 91 52 / 81 41 ///

IN DER NATUR STECKT HEILKRAFT

Vorra: Heuhotel Fischbeck

80

Es ist die originellste Schlafmöglichkeit in der Gegend: das Heuhotel Fischbeck. Der Bauer sagt: »Schlaf mal im Heu und Du fühlst Dich wie neu!« Während früher Heustadel üblich waren, findet man sie heute kaum noch. In Vorra kann sich der Gast eine Nacht oder mehrere im Heu gemütlich einrichten. Das Hotel stellt Leinentücher und Decken zur Verfügung, Schlafsäcke sollten die Schläfer hingegen selbst mitbringen.

Ein Hauch von Nostalgie und Romantik umgibt diese etwas andere Art der Übernachtung. Allein der Geruch vermittelt das Gefühl, in der freien Natur zu liegen, denn Heu ist nicht bloß trockenes Gras. Es ist randvoll mit Blüten, Blattteilen sowie feinsten Gräsern und Kräutern. Die Summe all dieser einzelnen Teile macht aus dem Heu eine uralte Naturarznei. Es verströmt eine natürlich Frische, die durchaus Heilkraft für Körper, Geist und Seele beinhaltet! Wenn die Haut mit dem Heu in Berührung kommt, löst dies positive Reaktionen der Gelenke, Muskeln, Knochen und des Gewebes aus. Über das vegetative Nervensystem wird Heugefühl »eingeatmet«. So philosophiert der Bauer, und seine Gäste bestätigen das.

Von der Straße aus gesehen zeigt sich das Heuhotel als fränkischer Bauernhof mit schönem Fachwerk. Dahinter befinden sich die Scheune und die Heuschuppen.

Abends können die Gäste auf der Ziegenwiese ein Stockbrot ins Lagerfeuer halten, auf der Pegnitzterrasse Flammkuchen und Pizza aus dem Holzbackofen genießen oder eine Grillade mit regionalem Fleisch und dazu regionalen Biersorten. Wer hat schon mal im Schweinestall gefrühstückt? Im Heuhotel wird das morgendliche Büffet im umgebauten Saustall serviert.

Das Heuhotel grenzt an die Pegnitz, die an dieser Stelle eine kleine Insel bildet: die Künstlerinsel von Vorra. Einige Skulpturen stehen darauf, daneben die Liegestühle.

Gegenüber gibt es noch ein Schloss aus dem Jahr 1891. Nach dem Zweiten Weltkrieg nutzte man es als Schule. Seit 1955 dient das Gebäude als Schullandheim.

RATHAUS WASSERTRÜDINGEN /// MARKTSTRASSE 9 ///
91717 WASSERTRÜDINGEN /// 0 98 32 / 6 82 20 ///
WWW.WASSERTRUEDINGEN.DE ///

»MÜNCHNER STIL« UND »MALZAUFSCHLAG«

Wassertrüdingen: Rathaus

81

Das Rathaus ist jung. Sein Vorgängerbau mit altem Fachwerk riss man ab, um Platz für einen Neubau zu schaffen. 1849/50 wurde das neue Rathaus aus Gelbsandstein errichtet. Verantwortlich war Bauinspektor Volz, auf Wunsch des bayerischen Königs Ludwig I. Daher nennt man den neoklassizistischen Stil auch den »Münchner Stil«. Jedenfalls werten die Wassertrüdinger diesen Bau als ein Zeichen, dass die bayerischen Könige ihr Franken nicht gänzlich vergessen haben.

Auch die Finanzierung war originell. Die Kosten für den Bau wurden zum großen Teil aus dem »Malzaufschlag«, sprich dem »Bierpfenning«, gedeckt. Damals hieß es: Trinkt viel Bier, liebe Bürger, damit wir unser Rathaus bauen können. Sehenswert ist im großen Sitzungssaal eine Stück-Kassettendecke, die einmalig in der Region ist. Der Saal wird im Rahmen von Führungen aufgeschlossen.

Viele Häuser der Stadt stammen aus dem 19. Jahrhundert oder wurden zu dieser Zeit umgebaut, so dass relativ viel »neue« Bausubstanz das Stadtbild prägt.

Vom Rathaus aus blickt man auf das Törle, auf das Obere Tor, das letzte erhaltene Stadttor von ehemals drei Toren in Wassertrüdingen. Der ursprüngliche Bau des Oberen Tors wurde im Jahre 1752 um ein Stockwerk und den Glockenturm aufgestockt. Die Wassertrüdinger freuen sich so über ihr Törle, dass sie es in ihr Logo aufgenommen haben.

Im Dreißigjährigen Krieg erlitt die Stadt solch großen Schaden, dass sie mehr als 150 Jahre benötigte, um sich zu erholen. Es war am 24. August 1634, als die kaiserlichen Truppen die Einwohner massakrierten und die Stadt niederbrannten. Auch das Rathaus wurde ein Raub der Flammen. Im Ersten Weltkrieg kam die Stadt unversehrt davon, im Zweiten hingegen fiel das Bahnhofsviertel noch in den letzten Kriegstagen den Bomben zum Opfer.

Wassertrüdingen steht zu seinem mittelalterlichen Flair, aber präsentiert sich auch weltoffen, zum Beispiel mit dem jährlichen Afrika-Karibik-Festival. Infos hierzu unter: www.afrika-karibik-fest.de

KIRCHE SANKT KILIAN /// KAIRLINDACHER STRASSE 32 ///
91085 WEISENDORF-KAIRLINDACH /// WWW.KILIANSKIRCHE.DE ///

WEITERE INFORMATIONEN ERHALTEN SIE BEI DER
GEMEINDEVERWALTUNG MARKT WEISENDORF /// GERBERSLEITE 2 ///
91085 WEISENDORF /// 0 91 35 / 7 12 00 /// WWW.WEISENDORF.DE ///

SPIEGELUNG IM PFARRWEIHER

Weisendorf-Kairlindach: Kirche Sankt Kilian

82

Der Ort oder zumindest die Kirche ist eine fränkische Schöne. Vielleicht etwas spröde. Man muss sie erst erobern. Die Kirche prägte den Namen des Orts, wenngleich nicht sonderlich originell: Die Ableitung von Kira ist schlicht Kirche. Seit 1317 ist der Ort nachgewiesen als Lehen des Bistums Würzburg. Die Würzburger setzten sich auch mit der Wahl des Patrons durch. Es wurde St. Kilian. Eine Kirche muss es schon seit Langem gegeben haben, jedoch mit unterschiedlicher Funktion. Sie gehörte nicht immer zu einer selbstständigen Pfarrei. So wurde die Gemeinde im 15. Jahrhundert vom Pfarrer in Büchenbach versorgt.

In dieser Zeit war die Familie von Wetzhausen maßgebend (Grabstein des Georg Truchseß von Wetzhausen von 1527 im Chor der Kirche), später die Freiherren von Holzschuher zu Neuenbürg. Das beweist im Chor der Kirche ein Totenschild für den 1614 verstorbenen Hans Holzschuher.

Damals wurde der Ort mit der großen Geschichte konfrontiert. Die Kairlindacher Landwirte Dürr und Schwab gehörten zu den Aufständischen im Bauernkrieg (1525). 1528 wird das Dorf protestantisch, gemäß seiner Herren. Im Dreißigjährigen Krieg wurde der Ort mehrfach verwüstet, ein Schicksal, das er mit vielen anderen teilte. Nur fünf Familien überlebten.

Es kamen aber wieder bessere Zeiten, in denen das Dorf prosperierte. Im Jahr 1860 gab es im »Pfarrdorf« Kairlindach 42 Haushalte, 67 Familien, 309 Einwohner, davon 61 Juden. Es besaß eine jüdische Gemeinde, eine Synagoge sowie eine jüdische Schule (steht heute noch). Die Kirche ist der wichtigste Bau des Ortes. Sein Chorturm entstand im 15. Jahrhundert, der Oberbau 1737/38, das Langhaus 1913. Etwas ungewöhnlich ist der seitliche Zugang zur Kirche, doch stimmungsvoll der Anblick, wenn sie sich im Dorfweiher spiegelt.

In Kairlindach befindet sich das Gasthaus »Alte Schule«. Hier kann man gut speisen und der Biergarten wird gerühmt. Es liegt in der Kairlindacher Straße 12.

HOHENZOLLERNFESTUNG WÜLZBURG /// WÜLZBURG ///
91781 WEISSENBURG /// 0 91 41 / 90 71 24 ///
WWW.MUSEEN-WEISSENBURG.DE ///

BURGWIRT WÜLZBURG /// WÜLZBURG 8 /// 91781 WEISSENBURG ///
0 91 41 / 9 97 82 06 /// WWW.BURGWIRT-WUELZBURG.DE ///

MÄCHTIGER ALS MAN SICH VORSTELLEN KANN

Weißenburg: Hohenzollernfestung Wülzburg

83

Oberhalb von Weißenburg erhebt sich die Hohenzollernfestung Wülzburg, ein eindrucksvolles und einzigartiges Denkmal des Renaissancefestungsbaus in Deutschland.

Ab dem 11. Jahrhundert befand sich an dieser Stelle ein Benediktinerkloster – bis zur Reformation. Im Jahre 1588 entdeckte Markgraf Georg Friedrich von Brandenburg-Ansbach den Ort und erkannte dessen strategische Bedeutung. Da er von dort aus gut die südliche Grenze seines Territoriums absichern konnte, ließ er eine Festungsanlage mit einigen Bastionen errichten – mit dem Grundriss eines fast regelmäßigen Fünfecks, eines Pentagons.

Solche Anlagen ließen sich gut verteidigen, weshalb diese Architektur beliebt war. Im Dreißigjährigen Krieg stellte sich der Ort auf die Seite des Kaisers und übergab 1631 die Festung seinen Truppen. Die Schweden versuchten sie einzunehmen, es gelang ihnen jedoch nicht. Lediglich ein Brand zerstörte 1639 einen Teil der Anlage. Vom 17. bis 19. Jahrhundert diente die Festung als Staatsgefängnis. 1791 fiel das Markgrafentum Ansbach an Preußen. So wurde die Wülzburg preußisch. 1806 wurde alles bayerisch. Vielleicht ein Glück, denn das Bayerische Kriegsministerium ließ die Anlage renovieren, um sie wieder für die Soldateska nutzbar zu machen. Das erwies sich nicht als sonderlich praktikabel, so dass die Festung 1882 an die Stadt Weißenburg verkauft wurde.

Die Wülzburg ist eine ewige Baustelle. Immer sind irgendwelche Handwerker vor Ort, die renovieren und ergänzen. Durch das Tor die innere Burg betretend wird man von der Weitläufigkeit fast erschlagen. Um die Mauern abzulaufen, braucht man eine gute halbe Stunde. Von der einstigen reichen Innenhofbebauung ist noch das zweiflügelige Schloss im Süden und Westen erhalten sowie der Wirtschaftsbau (1814) südlich der Hofmitte.

Im Wirtschaftsgebäude ist der Burgwirt zu Hause und bedient die Besucher. Hinter dem Gebäude befindet sich ein schöner schattiger Biergarten. Wohl bekomm's.

APOTHEKENMUSEUM IN DER EINHORN-APOTHEKE /// ROSENSTRASSE 3 /// 91781 WEISSENBURG /// 0 91 41 / 23 07 /// WWW.EINHORN-APOTHEKE-WEISSENBURG.DE ///

DIE PILLENDREHER HEUTE UND GESTERN

Weißenburg: Apothekenmuseum in der Einhorn-Apotheke 84

Die Einhorn-Apotheke in der Rosenstraße in Weißenburg hat eine über 350-jährige Geschichte und ist noch immer in Betrieb. Mehr noch, der Spätbarock-Bau ist so etwas wie ein Ärztehaus. Neben der Apotheke befinden sich in dem historischen Gemäuer ein Allgemeinarzt, ein Augenarzt, ein Heilpraktiker, eine Fußpflege, eine Massagepraxis und das Apothekenmuseum. Dieses kleine Museum bildet im Besonderen einen guten Kontrast zum heutigen Pharma-Angebot, das schier unübersichtlich ist. Das war in der Vergangenheit bei Weitem nicht der Fall. Über dem Eingang steht geschrieben »Es ist gut arzneyen, wenn Gott gibt das Gedeyen«, ein Satz, der das Selbstverständnis mittelalterlicher Apotheker beschreibt.

Ärzte und Apotheke, modern und historisch in einem Haus. Damit ist leicht zu erkennen, wie wichtig heute noch Apotheken sind und auf welchen jahrhundertealten Traditionen und auf welchem Wissen sie beruhen. Apotheken gab es einst ausschließlich im Zentrum. An die Rosenstraße schließt der zentrale Platz »Am Hof« an. Das ist das Herz der Altstadt. Einstmals befand sich an dieser Stelle ein fränkischer Königshof, dessen Geschichte bis ins 7. Jahrhundert zurückreicht. Lauter alte Bürgerhäuser stehen in dieser Gegend: Hausnummer 10, das viertälteste Bürgerhaus, Hausnummer 18, das fünftälteste Bürgerhaus der Stadt. Dort befanden sich die Wohnhäuser des Stadtvogts und Reichspflegers. Das Apothekenhaus wurde 1760 bis 1767 errichtet und diente als Wohn- und Fabrikgebäude.

In den Kellerräumen des Museums lässt sich eine komplette Apothekeneinrichtung vom Ende des 19. Jahrhunderts begutachten. Es ist die originale Einrichtung des berühmten Apothekers und Limesforschers Wilhelm Kohl (1848–1898). Sie umfasst ein Labor, in dem die Herstellung von Zäpfchen, Pulvern, Tabletten und Salben erklärt wird.

Am Marktplatz steht der Schweppermannsbrunnen, der früher »Schöner Brunnen« hieß. Er erinnert an Seyfried Schweppermann (1257–1337), einen Nürnberger Feldherrn, der Weißenburg unterstützte.

PFARRKIRCHE SANKT MARGARETA /// BISCHOF-RABENO-PLATZ 5 /// 91634 WILBURGSTETTEN /// WWW.BISTUM-AUGSBURG.DE ///

WEITERE INFORMATIONEN ERHALTEN SIE BEI DER VERWALTUNGSGEMEINSCHAFT WILBURGSTETTEN /// ALTE SCHULSTRASSE 8 /// 91634 WILBURGSTETTEN /// 0 98 53 / 3 89 20 /// WWW.VG-WILBURGSTETTEN.DE ///

VIEL GESCHICHTE, VIEL VERGANGENHEIT

Wilburgstetten: Pfarrkirche Sankt Margareta

85

Wilburgstetten ist auf seine Vergangenheit stolz. 1931 wurde beim Ort, westlich der B25, ein Sitzgrab aus vorgeschichtlicher Zeit gefunden, das sich auf die Zeit um 2000 vor Christus datieren ließ. Die Einwohner staunten, dass bereits in solch frühgeschichtlicher Zeit Menschen an diesem Ort gelebt hatten.

Südlich von Wilburgstetten verlief der Limes. Dadurch konnte man gewiss sein, dass die Römer bereits ihre Kultur in die Region gebracht hatten. Auch darauf sind die Einwohner stolz.

Im Mittelalter bildete die Burg Wilburg den Mittelpunkt. Eine Familie von Rechenberg, tätig als Truchsessen der Grafen von Oettingen, hatte das Sagen. Von 1431 bis 1805 gehörte der Ort zur Freien Reichsstadt Dinkelsbühl. Die Dinkelsbühler hielten das Mautrecht an der Wörnitzbrücke, wodurch sie Wohlstand in den Ort brachten. Für das Befahren der Brücke zogen sie Gespannmaut und Warenzoll ein. Die Juden mussten die Mautgebühr bereits für das Überschreiten zu Fuß entrichten

Mit dem Geld konnte man sich auch eine Kirche leisten, die 1602 erstmals erwähnt wurde. 1779 weiß man von einem Neubau: Die Kirche wurde größer und höher. 1871 erfolgte die Anschaffung des neuromanischen Hochaltars mit einem Altarbild der heiligen Margareta. Dies gibt Auskunft darüber, dass das Gotteshaus einer Heiligen Margareta geweiht ist. Um 1900 erreichte die Kirche durch eine nochmalige Erweiterung etwa die heutige Größe. Im rechten Winkel wurde ein Neubau angefügt. Der Turm wurde erst 2001 um acht Meter aufgestockt. Zu verdanken ist das dem damaligen Pfarrer, der sich nicht damit abfinden konnte, dass der Turm so klein war. Der Wunsch nach einem größeren hat unter Umständen damit zu tun, dass Wilburgstetten eine katholische Enklave im evangelischen Umfeld ist. Ein hoher Turm steigerte garantiert das Selbstbewusstsein.

Es gibt noch einige Limes-Reste. Im Wilburgstettener Ortsteil Hetschenlache, südlich an der B25, steht ein Sandsteinpfeiler als Limes-Gedenkstein, den König Maximilian II. im Jahr 1861 errichten ließ.

HUGENOTTENKIRCHE WILHELMSDORF /// KIRCHGASSE 1 ///
91489 WILHELMSDORF /// WWW.WILHELMSDORF-EVANGELISCH.DE ///

WEITERE INFORMATIONEN ERTEILT DIE GEMEINDE WILHELMSDORF ///
HUGENOTTENPLATZ 8 /// 91489 WILHELMSDORF ///
0 91 04 / 8 26 29 29 /// WWW.WILHELMSDORF.DE ///

MALTESERKREUZ MIT EINER TRÄNE

Wilhelmsdorf: Hugenottenkirche

86

Der Dreißigjährige Krieg machte das untere Albachtal menschenleer. Brachland. Dann kamen Flüchtlinge: die Bonnet'sche Gruppe, nach ihrem Pfarrer und Anführer Jean Bonnet benannt. Die hugenottischen Glaubensflüchtlinge retteten sich aus dem Oisans, einer Hochgebirgslandschaft zwischen Grenoble und Turin, vor den Drangsalen des französischen Sonnenkönigs. Markgraf Christian Ernst von Brandenburg-Bayreuth räumte ihnen großzügig religiöse und finanzielle Freiheiten ein. Natürlich mit einem Hintergedanken. Er hoffte, dass sie das Brachland wirtschaftlich entwickeln würden. 1668 gründeten die Familien ein Dorf im unteren Albachtal. Das war Wilhelmsdorf.

Nur 20 Jahre später weihten sie ein erstes Kirchlein ein. Ihre Häuser darum herum waren aus Holz und Lehm, die Fenster mit einer Papierfüllung versehen. Gut 50 Jahre später bauten sie eine neue Kirche, im Wesentlichen die heute noch bestehende Hugenottenkirche. Die Einweihung erfolgte am 18. August 1754 mit reformierten Gottesdiensten am Vormittag in französischer und am Nachmittag in deutscher Sprache.

Die Hugenotten schufen tatsächlich Wohlstand. Bald kamen auch lutherische Deutsche, meist Bauern und Dienstboten, in das Dorf. Es gab kaum Konflikte. Sie lebten die Integration. Aber sie braucht Zeit. Mehr als hundert Jahre lang gab es zwei Bürgermeister, zwei Dorfschulen sowie Gottesdienste in französischer und deutscher Sprache. Den letzten reformierten Gottesdienst hielt Pfarrer Friedrich Jung im März 1926. Er reiste aus Erlangen an.

Der Kirche sieht man noch die Hugenottenspuren an: eine schlichte, fast puritanische Gestaltung des Innenraums mit einem Holztisch als Altar und dominierender Kanzel. An die Geschichte erinnert das Hugenottenkreuz, ein Malteserkreuz mit einer Träne als Zeichen für die Leiden der Hugenotten.

Sehenswert im Ort das Zirkelmuseum. Über einhundert Jahre lang klapperten in jedem Haus die Wirkstühle. Die Blüte und den Niedergang dieser Handwerkskunst kann man in diesem kleinen Museum erleben.

LIMESEUM UND RÖMERPARK /// RÖMERPARK RUFFENHOFEN 1 ///
91749 WITTELSHOFEN-RUFFENHOFEN /// 0 98 54 / 9 79 92 42 ///
WWW.LIMESEUM.DE ///

ALS DIE RÖMER FRECH GEWORDEN …

Wittelshofen-Ruffenhofen: Limeseum und Römerpark

87

An der Stelle des Römerparks und des Limeseums fanden im Jahr 1868 erste Grabungen statt; ernsthaftere jedoch erst 2001. Da sich unter dem Acker ein römisches Kastell verbarg, legte man zum Schutz Wiesen an; pflügen war verboten. Von einem Aussichtshügel aus ließ sich schon damals das gesamte Römerparkgelände überblicken. Am Fuß des Hügels stand ein Kastellnachbau.

Man spricht vom obergermanisch-rätischen Limes. Auf der etwa 550 Kilometer langen Strecke vom Rhein zur Donau reihen sich über 60 Kastelle; jedes Kastell mit Verwaltungs- und Lagerbauten, Soldatenbaracken, Stallungen sowie ein Wohnhaus des Kommandanten. Die Grundversorgung mit Nahrungsmitteln übernahmen römische Gutshöfe *(villae rusticae)* in der Umgebung. In unmittelbarer Nähe zum Kastell entstanden Lagerdörfer *(vici)*.

Seit der Antike wurde das Kastell Ruffenhofen nicht überbaut. Die Kastellmauern sind 190 × 197 Meter lang, ergibt für die Innenfläche 3,7 Hektar. Damit ist es das größte und wichtigste Kastell zwischen den Stützpunkten Aalen und Weißenburg. Es bot Platz für etwa 500 Reitersoldaten. Zuerst entstand es als Holzkastell, um 150 n. Chr. wurde es in Steinbauweise modernisiert. Das Haupttor öffnete sich zum Hesselberg.

2010 eröffneten die Gemeinden Gerolfingen, Weiltingen und Wittelshofen am Römerpark Ruffenhofen einen Museumsneubau, ein rundes Gebäude, das sich sanft dem Hügel anpasst. Dort erhält der Besucher Informationen über das Limes-Leben, über das Kastell und die Soldaten, über das zivile Leben und über das Ende der einstigen Grenze. Ebenso wird über archäologische Forschungsmethoden informiert mit vielen praktischen Beispielen. Der Besuch ist ein Erlebnis. Es verwundert nicht, dass der Römerpark als Teil des römischen Grenzsystems seit dem 15. Juli 2005 zum Unesco-Welterbe Limes gehört.

Im Museumscafé kann man Getränke, Kuchen und Eis genießen mit prächtigem Blick auf die alten Steine. An Ruffenhofen führen eine Limes-Straße, ein Limes-Radweg und ein Limes-Wanderweg entlang.

GUT WOLFGANGSHOF /// WEITERSDORFER STRASSE 22 ///
90513 ZIRNDORF-ANWANDEN /// WWW.GUT-WOLFGANGSHOF.DE ///

VON VIEHZUCHT ZU EVENTS

Zirndorf-Anwanden: Gut Wolfgangshof

88

Es ist nicht unbedingt neu, dass Industrielle Akzente in der Landwirtschaft setzen wollen. Der Volkswagen-Konzern spendierte sich beispielsweise in Brasilien eine große Ranch. Derartige Motivation trieb auch Freiherrn Lothar von Faber. Er kaufte nach und nach Flächen sowie Güter im Umkreis von Stein bei Nürnberg auf, um Landwirtschaft zu betreiben. Darunter 1883/1884 zwei Landgüter, welche die Grundlage für den »Wolfgangshof« bildeten.

Der Baumeister war allerdings Graf Alexander von Faber-Castell, der 1902 sowohl das Faber-Castell'sche Schloss in Stein erbauen ließ als auch die heutigen Gebäude von Gut Wolfgangshof. Der Name »Wolfgangshof« verweist auf den ältesten Sohn des Bauherrn, der im Juli 1902 geboren wurde, jedoch bereits im März 1903 verstarb. Natürlich setzte das Gut, als Muster für den technischen Fortschritt im Agrarbereich, von Motoren angetriebene Maschinen ein. Ebenso gab es elektrisches Licht auf dem Hof.

Hinter den Gebäuden erstreckte sich ein riesiger Obstgarten mit allein 740 Hochstämmen. Auf dem Hof arbeiteten an die 70 Menschen, die sich vorrangig der Schweinemast und der Milchproduktion widmeten.

Die Produkte des Hofes kamen auch den Arbeitern in der Bleistiftfabrik zugute, so dass man den Agrarbetrieb durchaus als eine soziale Maßnahme des Unternehmers verstehen darf. Aber die Zeiten veränderten sich. Der Hof wurde verkauft, die Agrarwirtschaft reduziert. Schließlich verpachtete man die Ländereien und baute das Gut denkmalpflegerisch vorbildlich zum Event-Hof um.

Nun lässt sich das Gut für Firmenevents und private Feiern mieten. An Ostern, Weihnachten und zu anderen Anlässen gibt es gut besuchte Märkte und immer häufiger rockt es in den alten Stallungen. Jung und Alt treffen sich zur Musik.

Gerne besucht wird der Weihnachtsmarkt an den Adventswochenenden. Der Eintritt ist jedoch kostenpflichtig.

LIEBLINGSPLÄTZE
AUF EINEN BLICK
ALLE LIEBLINGSPLÄTZE FINDEN SIE
UNTER WWW.GMEINER-VERLAG.DE